# Le protestantisme dans l'histoire de la Côte d'Ivoire

# Le protestantisme dans l'histoire de la Côte d'Ivoire

*Expansion, diversité et défis*

Célestin K. Kouassi

© Célestin K. Kouassi, 2024

*Publié en 2024 par LivresHippo.*
• Centre de Publications Évangéliques, 08 B.P. 900 Abidjan 08, Côte d'Ivoire.
• Presses Bibliques Africaines, 03 B.P. 345 Cotonou, Bénin.
• Éditions CLÉ, B.P. 1501 Yaoundé, Cameroun.
• Excelsis Diffusions, 385 chemin du Clos 26450 Charols, France.
• Langham Partnership PO Box 296, Carlisle, Cumbria, CA3 9WZ, Royaume-Uni, www.langhampublishing.org.
• Conseil des institutions théologiques d'Afrique francophone (CITAF), B.P. : 684 Abidjan, Côte d'Ivoire, www.citaf.org.

Numéros ISBN :
978-1-83973-964-4 Format papier
978-1-83973-965-1 Format ePub
978-1-83973-966-8 Format PDF

Conformément au « Copyright, Designs and Patents Act, 1988 », Célestin K. Kouassi déclare qu'il est en droit d'être reconnu comme étant l'auteur de cet ouvrage.

Tous droits réservés. La reproduction, la transmission ou la saisie informatique du présent ouvrage, en totalité ou en partie, sous quelque forme ou par quelque procédé que ce soit, électronique, mécanique, photographique, est interdite sans l'autorisation préalable de l'Éditeur ou de la Copyright Licensing Agency.

Sauf indication contraire, les citations bibliques sont tirées de la Bible version Louis Segond 1910 (publiée en 1910 par Alliance Biblique Universelle).

**British Library Cataloguing in Publication Data**
*A catalogue record for this book is available from the British Library*

ISBN : 978-1-83973-964-4

Mise en page et couverture : projectluz.com

Les éditeurs de cet ouvrage soutiennent activement le dialogue théologique et le droit pour un auteur de publier. Toutefois, ils ne partagent pas nécessairement les opinions et avis avancés ni les travaux référencés dans cette publication et ne garantissent pas son exactitude grammaticale et technique. Les éditeurs se dégagent de toute responsabilité envers les personnes ou biens en ce qui concerne la lecture, l'utilisation ou l'interprétation du contenu publié.

# Préface

Après la victoire d'Israël sur Amalek qui avait été suscité par le diable pour barrer la route au peuple de Dieu en route pour la terre promise, l'Éternel ordonna à Moïse : « Écris cela dans le livre, pour que le souvenir s'en conserve » (Ex 17.14, LSG). Le devoir de mémoire que traduit cet ordre revêt chez le Dieu créateur une grande importance. En témoignent, dans plusieurs autres contextes certes, des ordres analogues rapportés dans un autre livre du Pentateuque : Deutéronome. À titre d'exemple, l'avertissement ci-après de Dieu aux Israelites : « Lorsque tu mangeras et te rassasieras, garde-toi d'oublier l'Éternel, qui t'a fait sortir du pays d'Égypte, de la maison de la servitude » (Dt 6.12, LSG).

Le présent ouvrage est certes un livre d'histoire destiné à tous ceux qui s'intéressent à cette discipline sous l'angle du passé de la Côte d'Ivoire. Mais de par son objet, il s'adresse aux hommes de Dieu, tels que pasteurs, évangélistes et dirigeants d'Églises auxquels Dieu impose un devoir de mémoire.

Nul doute que c'est au nom de ce devoir de mémoire que Kouassi Célestin, auteur d'une remarquable thèse sur la CMA, a pris sur lui l'initiative d'entreprendre la rédaction du présent ouvrage.

Une lecture de l'état de la question d'une part, et d'autre part un regard sur la bibliographie de l'ouvrage, en particulier les titres exclusivement consacrés aux sujets ayant trait au protestantisme sous divers angles, révèlent que cet ouvrage est le premier du genre à embrasser le passé du protestantisme en Côte d'Ivoire, dans toutes ses composantes, du début du pouvoir colonial en 1893 à 1993. De ce point de vue, l'ouvrage porte bien son titre et son sous-titre.

Mais prétendre écrire l'histoire du protestantisme de 1893 à 1993 c'est-à-dire embrasser cent ans d'histoire d'une réalité qui continue à se répandre avec la multiplication de nouvelles églises et ministères, peut paraître une gageure. Il était cependant nécessaire, en vertu de l'ordre de Dieu, de s'engager dans cette voie afin d'éviter des pertes irréparables, de ranimer, avant qu'ils ne disparaissent, les souvenirs de certains acteurs et témoins. C'est à cette tâche que s'est consacré Kouassi Célestin.

L'auteur retrace dans cette œuvre le passé du protestantisme dans toute sa diversité, des prédications du prophète William Wadé Harris à l'installations des premières missions et à la création de divers ministères et assemblées, la gestation et le développement des grandes églises historiques représentatives du protestantisme en Côte d'Ivoire : Église Méthodiste, CMA, UESSO, Assemblées de Dieu, pour ne citer que celles-là.

La lecture attentive de l'ouvrage de Kouassi Célestin sera précieuse pour quiconque veut avoir une vue d'ensemble de l'histoire du protestantisme en Côte d'Ivoire dans le cadre chronologique considéré et également être instruit des péripéties de l'évolution interne de certaines églises et de la naissance subséquente de nouvelles églises.

Le mérite de l'auteur est de faire à la fois œuvre d'historien et œuvre de disciple de Jésus-Christ. L'originalité dans la construction de son discours historique est d'avoir restitué les faits non seulement par le moyen de la synthèse de ces derniers, mais également en mettant le lecteur au contact des sources, ce qui permet de le plonger dans l'ambiance du passé et de revoir les acteurs historiques à l'œuvre et de percevoir l'état d'esprit de certains de ces acteurs ; c'est notamment le cas du testament du prophète Harris, qui rappelle curieusement certaines lettres de l'apôtre Paul sur la saine doctrine, la lettre de Mgr Jules Moury, premier vicaire apostolique de Côte d'Ivoire, l'exhortation du pasteur Keller sur l'unité, le procès-verbal de la dernière réunion tenue au Ministère de l'Intérieur sur la crise au sein de l'UESSO qui débouchera sur la naissance de l'Église Évangélique du Réveil.

Comme en témoignent les lignes qui précèdent, l'auteur introduit également le lecteur dans les coulisses du pouvoir d'État, d'abord le pouvoir colonial puis l'État postcolonial ; il instruit d'une part sur l'état d'esprit du pouvoir colonial à l'égard du protestantisme et l'état d'esprit de l'épiscopat catholique à l'égard des protestants et sur les rapports de rivalité avec l'Église catholique romaine. La méfiance à l'égard des protestants aussi bien de la part du pouvoir colonial que de l'épiscopat catholique résultant du fait que les hommes et les missions portant le protestantisme provenait des colonies britanniques et/ou des pays de langue anglaise.

L'un des intérêts de ce travail est d'avoir mis en lumière les travaux déjà effectués sur le protestantisme en Côte d'Ivoire ainsi que le processus d'expansion du protestantisme, l'action des différents acteurs et missions et des règles ayant présidé à leur établissement. Sous cet angle, l'auteur nous apprend que la répartition des champs de mission s'est effectuée sur la base du *Comity Agreement* qui proscrit l'intrusion dans le champ de travail d'autrui. Est également mis en lumière le rôle important joué par les Africains dans l'introduction du protestantisme en Côte d'Ivoire.

Sous l'angle du travail du disciple, l'auteur rend compte de l'action de destruction des fétiches par le prophète Harris, les miracles que sont notamment les guérisons divines dans le déclenchement des mouvements de conversion dans le pays djimini, un peuple connu comme disposant de grands pouvoirs dans le domaine du surnaturel.

Toute œuvre humaine ayant des limites, l'auteur reconnaît humblement les limites de son travail. En outre, il fait le constat que malgré les nombreux travaux déjà effectués, le champ à défricher demeure encore vaste et déclare à cet effet que, selon ses propres termes, « évoquer l'ensemble des questions, des personnalités et des organisations en rapport avec le protestantisme aurait nécessité plusieurs tomes d'une encyclopédie ». En conséquence, pense-t-il, une telle œuvre ne peut se concevoir qu'avec la mise en place d'un organisme collectif ; d'où son appel aux chercheurs et, implicitement à toutes les assemblées : « Nous devons nous lever pour reconstituer toute l'histoire. » Il révèle avec bonheur que le ton est déjà donné dans certaines dénominations par des actes concrets.

Sur la base de l'exemple des puissances anglo-saxonnes – États-Unis et Angleterre – pourvoyeuses de personnels missionnaires dans le monde, l'auteur termine son discours en soulevant le problème des liens entre la puissance économique et l'œuvre missionnaire. En outre, s'appuyant sur l'exemple de la Côte d'Ivoire dont la prospérité économique a attiré beaucoup de missionnaires d'obédience protestante, il considère qu'une étude est à mener concernant le poids du protestantisme ivoirien pour évaluer ses forces et pour expliquer d'une part le peu d'engagement des protestants ainsi que l'état de dépendance des communautés protestantes dans plusieurs domaines.

L'ouvrage de Kouassi Célestin est précieux à plus d'un titre. Il instruit sur le passé du protestantisme. Il interpelle le protestantisme à poursuivre résolument la reconstitution de sa mémoire sous tous les angles. Enfin, il interpelle le protestantisme à relever le défi de sa présence dans la vie nationale. « Vous êtes le sel de la terre et la lumière du monde », déclare la Parole de Dieu par la bouche du Seigneur Jésus.

**Jean DEROU**
*Docteur d'État ès Lettres et Sciences Humaines*
*Professeur d'histoire des relations internationales,*
*Université Félix Houphouët-Boigny, Abidjan, Côte d'Ivoire*

# Sommaire

Préface ..................................................................... v

Introduction ............................................................... 1

## Première partie : L'expansion du premier protestantisme ....... 5

1   Les premiers protestants en Côte d'Ivoire ............................ 7

2   Le « passage météorique » de William Wade Harris .................. 23

3   La convention de Saint-Germain et ses conséquences ................ 39

## Deuxième partie : L'unité des sociétés missionnaires protestantes en Côte d'Ivoire ................................... 53

4   L'installation des premières sociétés missionnaires protestantes ...... 55

5   L'évolution vers l'unité d'action des protestantismes ................. 71

6   Les années de rupture .............................................. 81

## Troisième partie : La marche des protestantismes vers la maturité ........................................................ 105

7   La quête de la solidarité ........................................... 107

8   La terre entière entendra sa voix .................................. 123

9   Les défis nouveaux ................................................ 137

    Conclusion ....................................................... 161

    Sources écrites ................................................... 163

    Bibliographie .................................................... 169

# Introduction

À travers une approche socio-historique, nous tentons de répondre dans cet ouvrage à différentes questions concernant « un protestantisme essentiellement de conversion[1] » en Côte d'Ivoire. Par protestantisme[2], nous désignons simplement toutes les branches de l'Église chrétienne qui plongent leurs origines dans la Réforme du XVI$^e$ siècle, c'est-à-dire les Églises luthériennes, reformées, presbytériennes, wesleyennes, méthodistes, baptistes, etc.

À la lumière du passé, nous cherchons à comprendre l'expansion des Églises protestantes en Côte d'Ivoire ainsi que la manière dont le mouvement s'est diversifié et complexifié. Analysant la dynamique des mutations religieuses et l'expansion des protestantismes en Côte d'Ivoire, Charles-Daniel Maire distinguait ainsi à l'époque trois protestantismes en Côte d'Ivoire :

> Héritier du prophète Harris, le méthodisme va récupérer un mouvement et essayer de lui faire subir les contraintes d'exigences que ni Harris, ni ses successeurs n'avaient présentées. Un second protestantisme est issu des efforts de missionnaires arrivés trop tard sur les traces du prophète. Contraints à se replier sur des champs non-évangélisés, ces missionnaires instituent des Églises de type baptiste. [...] Enfin, tard venue en Côte d'Ivoire, une mission pentecôtiste importa quelque chose comme une troisième voie[3].

Plusieurs mémoires et thèses ont ainsi été soutenus sur le protestantisme ivoirien dans différentes institutions d'enseignement supérieur. Nous avons déjà cité celle de Charles-Daniel Maire à l'École Pratique des Hautes Études en juin 1975. Le mémoire de maîtrise d'Emmanuel Boko Adekin présenté à l'Université de Cocody en 1983 nous éclaire sur les missions chrétiennes en pays adioukrou de 1895 à 1939. Stephan Schmid, par son mémoire de maîtrise en Théologie, nous aide à cerner l'œuvre de Mark Christian Hayford (1864-1935), tout comme

---

1. R. Pohor, « L'Église Protestante Méthodiste Unie de Côte d'Ivoire. Une approche sociohistorique (1870-1964) », *Études théologiques et religieuses*, vol. 84, no. 1, 2009, p. 24.
2. L'origine du terme « protestant » est liée à la déclaration des cinq princes allemands et 14 villes à Spire le 19 avril 1529 contre l'empereur Charles Quint (1500-1558) qui voulait mettre fin à la liberté religieuse et aux sécularisations.
3. C.-D. Maire, *Dynamique sociale des mutations religieuses. Expansion des protestantismes en Côte d'Ivoire*, Paris, École Pratique des Hautes Études, juin 1975, p. 13-14.

Hippolyte Mel Gbadja décrypte admirablement l'action prophétique de William Wadé Harris dans l'histoire de la mission en Côte d'Ivoire (1913-1915). Nous avons enfin, notre thèse sur la Christian and Missionary Alliance en pays baoulé de 1919 à 1960 soutenue en 2006 à l'Université de Cocody ainsi que celle de Florentine Akabla Agoh sur la christianisation du pays ébrié de 1904 à 1960 et d'Alexis Lékpéa Déa sur l'Union des Églises Évangéliques Services et Œuvres de Côte d'Ivoire de 1927 à 1982 soutenues dans la même institution, respectivement en 2008 et 2015.

Ces travaux, en plus des nombreux autres que nous n'avons pas pu citer ici mais qui figurent en bonne place dans la bibliographie, nous aident :

- à identifier les premières communautés protestantes et les pionniers de l'œuvre protestante en Côte d'Ivoire, colonie française créée officiellement le 10 mars 1893 ;
- à étudier l'évolution du protestantisme ainsi que le processus par lequel les protestants de la Côte d'ivoire se sont adaptés aux crises ;
- à évaluer l'impact réel, le rayonnement et l'attrait du protestantisme ivoirien, à apprécier sa contribution à la vie nationale jusqu'en 1993 et à tenter d'entrevoir ses perspectives.

Le premier protestantisme de Côte d'Ivoire est essentiellement d'initiative africaine avec l'influence de pionniers comme Mark Christian Hayford (1864-1935) et surtout William Wadé Harris (1860-1929), tous deux suspectés par les autorités coloniales parce qu'ils étaient originaires de colonies anglophones voisines. Ils ont attiré l'attention des sociétés missionnaires d'Europe et des États-Unis qui cherchaient depuis longtemps une porte pour le Soudan. Leur installation en Côte d'Ivoire à partir de 1924 ne se fait pas dans l'anarchie, mais on assiste avant 1958 à une répartition des champs de missions protestantes telle que préconisée par la célèbre résolution dite du *comity agreement* ou de l'entente amiable :

> Selon ce principe, on établissait des « champs de mission » en tenant compte des circonstances, du terrain et de l'avancement de l'œuvre missionnaire dans un pays. Conforme à l'esprit de l'Alliance évangélique régissant les relations entre sociétés de missions protestantes, les *comity agreements* devaient permettre de lever l'obstacle des différences dénominationnelles et nationales de

ces sociétés afin de proscrire l'intrusion dans le champ de travail d'autrui[4].

Nous examinons les ruptures à l'entente amiable des protestantismes en Côte d'Ivoire, après avoir évoqué les efforts d'unité ainsi que les activités des sociétés missionnaires. Nous constaterons jusqu'en 1993 qu'elles ont donné naissance à des Églises nationales qui n'ont pas cessé d'évoluer nonobstant l'indépendance politique de la Côte d'Ivoire.

---

4. J.-F. Zorn, « Histoire des missions chrétiennes en Afrique, Asie, Océanie », dans *Histoire du Christianisme*, sous dir. J.-M. Mayeur et autres, vol. XI, Paris, Desclée, 1995, p. 435. Voir aussi W. N. Gunson, « A Missionary Comity Agreement of 1880 », *The Journal of Pacific History*, vol. 8, 1973, p. 191-195 qui s'intéresse aux îles du Pacifique.

# Première partie

# L'expansion du premier protestantisme

# 1

# Les premiers protestants en Côte d'Ivoire

La colonie de Côte d'Ivoire a été distinctement établie par un décret :

Le président de la République Française
Décrète

Article 1er : Les colonies de la Guinée Française, de la Côte d'Ivoire et du Bénin constituent trois Colonies distinctes qui sont classées parmi les colonies du premier groupe énumérées par l'article 4 du décret du 2 février 1890. L'administration supérieure de chacune de ces colonies est confiée à un Gouverneur assisté d'un Secrétaire général.

Article 2 : Les Gouverneurs de la Guinée Française, de la Côte d'Ivoire et du Bénin exercent, dans toute l'étendue de leurs colonies respectives, les pouvoirs déterminés par les décrets et règlements en vigueur et notamment par l'ordonnance organique du 7 septembre 1840. Le Gouverneur de la Côte d'Ivoire est chargé de l'exercice du protectorat de la république sur les états de Kong et les autres territoires de la boucle du Niger. Toutefois les états de Samory et de Thieba restent sous la juridiction du Commandant supérieur du Soudan Français.

Fait à Paris le 10 mars 1893. Signé : Carnot.
Par le président de la république
Le ministre du commerce, de l'industrie et des colonies.
Signé : Siegfried[1]

---

1. Source : Archives nationales de Côte d'Ivoire.

Les autorités coloniales françaises vont être en contact avec Mark Christian Hayford (1864-1935) et surtout William Wadé Harris (1860-1929) qui sont considérés comme les pionniers qui vont encadrer et accompagner le premier protestantisme de Côte d'Ivoire dont les membres étaient présents avant 1893.

## Le protestant Louis-Gustave Binger

Le premier gouverneur de la nouvelle colonie de Côte d'Ivoire fut un protestant nommé Louis Gustave Binger[2]. Claude Auboin s'exprime plus longuement sur la foi protestante et les œuvres de Binger en faveur du catholicisme en Côte d'Ivoire :

> Né le 14 octobre 1856 à Strasbourg, Louis-Gustave a été baptisé, avec les prénoms germanisés Ludwig Gustav, le 28 mars 1857, suivant la religion protestante (confession d'Augsbourg) dans l'Église protestante St Pierre le Jeune à Strasbourg, bien que son père décédé en 1867 à 48 ans soit de lignée lorraine et catholique. Il va s'installer avec sa mère (Marie-Salomé Hummel) à Sarreguemines. En 1872, il opte pour la nationalité française suite à l'annexion de l'Alsace-Lorraine par l'Allemagne puis s'engage en 1874 en France au 20e bataillon de chasseurs. En 1880, il devient sous-lieutenant au 4e régiment d'infanterie, puis lieutenant en 1883[3].

De 1887 à 1889, Binger[4] a exploré pour la France de vastes régions de l'ouest de l'Afrique[5].

> Il fit plusieurs séjours au Sénégal et accompagna, comme topographe, différentes expéditions dans la Casamance et dans le Cayor. En 1884-1885 il fit partie de la mission topographique qui devait étudier le projet d'un tracé de chemin de fer à voie étroite, 550 kilomètres, destiné à relier le Sénégal au Niger. Cette étude lui valut les éloges les plus chaleureux et il fut chargé d'établir avec la collaboration du capitaine Monteil une carte complète de nos possessions de

---

2. Ernest A. Djoro, *Harris et la chrétienté en Côte d'Ivoire*, Abidjan, N.E.A., 1989, p. 27. Voir aussi Patrick Cabanel, « Louis-Gustave Binger », dans, *Dictionnaire biographique des protestants français de 1787 à nos jours*, sous dir. Patrick Cabanel et André Encreve, tome 1 : A-C, Paris, Les Éditions de Paris Max Chaleil, 2015, p. 306-307.
3. Claude Auboin, *Au temps des colonies. Binger explorateur de l'Afrique occidentale*, Paris, Bénévent, 2008.
4. Binger fut nommé capitaine le 23 juin 1888.
5. Lucien Sittler, « BINGER Louis Gustave », dans *Nouveau dictionnaire de biographie alsacienne*, 1983, https://www.alsace-histoire.org/netdba/binger-louis-gustave/, consulté le 30 octobre 2023.

la côte occidentale d'Afrique. En même temps, Binger réunissait les documents linguistiques indispensables à l'étude de la langue Bambara et il publiait à Paris, en 1886, chez Maisonneuve et Leclerc, un essai sur la langue Bambara[6].

Karamokho Oulé Ouattara (v.1817-1892), roi de Kong à qui il expliquait en 1888 les projets de la France en Afrique, lui répondit :

> Chrétien, ton parler est celui d'un homme qui parle droit. [...] Si Dieu t'a laissé traverser tant de pays, c'est que c'est sa volonté ; ce n'est pas nous qui pouvons agir contre la volonté du Tout-Puissant[7].

Après sa mission de 1887-1889 du Niger au golfe de Guinée, il est fait chevalier de la Légion d'honneur par décret du 2 avril 1889. Il reçoit aussi, le 3 décembre 1889, la grande médaille d'or de la Société de Géographie de Paris présidée par Ferdinand de Lesseps (1805-1894). Le 10 juin 1890, il est fait chevalier de l'ordre de Pie IX[8], par un bref du pape Léon XIII (1878-1903), lui protestant, pour avoir facilité l'installation des pères du Saint-Esprit au Sénégal. Il épousa à Paris le 16 juillet 1890, en premières noces[9], Noémie Elise Georgette Lepet, une fidèle catholique au vu d'une dispense de « mixte religion », ce qui est un fait d'exception pour l'époque. En 1892-1893, le gouvernement français lui demanda de délimiter les frontières entre la Gold Coast (Ghana actuel) et la Côte d'or française[10].

De 1890 à 1893 quelques jeunes officiers de cavalerie remontèrent les rivières et s'essayèrent à percer les forêts. Leur mouvement n'alla pas loin. En même temps, l'influence française s'assigna un cadre et en 1892 les frontières furent délimitées à l'Est et à l'Ouest. Rien ne put dès lors empêcher d'ériger en colonie indépendante, un territoire

---

6. Jules Dagonet, « Gustave Binger » [archive], dans *Biographies alsaciennes avec portraits en photographie*, série 5, sous dir. A. Meyer, Colmar, A. Meyer, 1884-1890.
7. Binger, *Du Niger au golfe de Guinée, par le pays de Kong et le Mossi*, tome I, p. 293.
8. « L'Ordre de Saint Pie IX fur créé le 17 juin 1847, par le Pape Pie IX, pour rappeler probablement l'Ordre des Chevaliers de Pie, constitué en 1559 par le Pape Pie IV. Il est destiné à récompenser les actions distinguées, les preuves de dévouement au Saint-Siège et les services rendus dans les Arts. » Associations des chevaliers pontificaux, « Ordre de Saint Pie IX », https://chevalierspontificaux.fr/home-page/ordre-de-st-pie-ix/, page consultée le 6 décembre 2023.
9. Ayant divorcé, il épousa en secondes noces Marie Hubert en 1900.
10. On désignait les rivages du Liberia actuel Côte des Graines, ceux jusqu'au-delà le fleuve Comoé Côte de l'Ivoire ou des Dents. À partir du lac Aby commençait la Côte de l'or.

jusque-là négligé. Binger, hardi révélateur des possibilités de la Côte d'Ivoire et habile négociateur, devint le premier gouverneur[11].

En 1892, après avoir publié l'ouvrage *Esclavage, islamisme et christianisme* (1891), il assure une seconde mission dans l'Est de la Côte d'Ivoire, entre Assinie, Boudoukou, Kong et Grand-Bassam, en vue de la délimitation avec la Gold Coast et est promu officier de la Légion d'Honneur le 5 décembre 1892.

Le 20 mars 1893, ayant démissionné de l'Armée, il est nommé gouverneur (IIIe classe) de la Côte d'Ivoire, à Grand-Bassam[12].

À partir de Binger, quelques essais d'organisation allaient s'opérer et les administrateurs eux-mêmes allaient pénétrer la forêt et y faire l'expérience de leur courage. À l'ouest, la Côte seule pouvait encore être organisée mais l'on tentait aussi d'atteindre l'intérieur. Jusqu'en 1908, les efforts se poursuivaient de façon discontinue, les moyens étant dérisoires ; aussi devait-on agir pacifiquement[13].

Binger a recruté un jeune commis expéditionnaire du nom de John Faye, instruit au Sénégal par les pères du Saint-Esprit, séminaire de Saint-Joseph de Ngazobil.

Pendant l'administration de Binger, les missionnaires britanniques en poste en Gold Coast avaient fait une demande d'ouverture d'une mission protestante en Côte d'Ivoire. La réponse en a été négative[14]. Cela est à mettre en lien avec les difficultés du gouverneur Binger avec les Anglais, notamment dans le tracé de la frontière orientale de la colonie. Justement, le 12 juillet 1893 un « arrangement » fut trouvé pour compléter les accords des 10 août 1889 et 26 juin 1891 déterminant la frontière jusqu'au 9e parallèle de latitude Nord[15]. Le 10 mars 1894, Paul Marie Poulle, un administrateur colonial sous le gouvernement de Binger, fut tué dans l'Indénié car le nouveau roi, Nanan Amoakon Dihyé 1er, entouré de conseillers venus de la Gold Coast, contesta les accords franco-anglais.

Binger va adresser, le 11 janvier 1895, une lettre au Révérend Père Augustin Planque (1826-1907), Supérieur général de la Société des Missions africaines

---

11. C. Wondji, « La Côte d'Ivoire occidentale : période de pénétration pacifique (1890-1908) », *Revue française d'histoire d'outre-mer*, tome 50, no. 180-181, 1963, p. 350.
12. Il a été nommé par Théophile Delcassé, sous-secrétaire d'État des Colonies et Jules Siegfried, ministre du Commerce, de l'Industrie et des Colonies, grâce à l'appui de Gabriel Hanotaux, ministre des Affaires étrangères.
13. Wondji, « La Côte d'Ivoire occidentale », p. 351.
14. C.-B. Legbedji-Aka, *École Protestante et Société dans la Côte d'Ivoire coloniale. Cas de la Région Ecclésiastique de Dabou 1924-1944*, thèse de 3e cycle, Paris, EHESS, 1986, p. 263.
15. Auboin, *Au temps des colonies*, p. 155.

de Lyon. Il y indiquait son désir d'établir une éducation moderne et chrétienne dans la nouvelle colonie :

> J'ai l'honneur de vous faire connaître que depuis longtemps déjà je me suis préoccupé de la possibilité d'établir des missions en Côte d'Ivoire. Les demandes que j'ai faites auprès de R. P. des différentes missions, qui m'avaient promis leur bienveillant secours m'ont permis de constater l'incertitude des R. P. sur la question de savoir si nous sommes compris dans la sphère d'influence de telle ou telle congrégation... La colonie serait enfin toute disposée à favoriser dans la mesure du possible un établissement. Le budget local prévoit certaines sommes destinées à l'enseignement public et qui pourraient être très facilement versées aux missions. Je crois que le mieux serait, si vous êtes disposé à en établir une ici, d'envoyer du Dahomey ou de France un Père bien au courant des choses d'Afrique qui appréciera « de visu » les chances de réussite d'un établissement de Grand-Bassam[16].

Dans sa réponse du 24 février 1895, après avoir annoncé la création de la préfecture apostolique de Côte d'Ivoire, R. P. Augustin Planque dit sa joie de voir « le gouverneur de la Côte d'Ivoire disposé à favoriser la création d'une Mission[17] » et l'assure « que les missionnaires feront beaucoup pour faire aimer la France et pour étendre son influence[18] ». Le 18 juin 1898, après cinq ans de présence en Côte d'Ivoire, Binger fut nommé Directeur des Affaires d'Afrique au Ministère français des Colonies. Pendant cette période, il est entré en contact avec la Société des Missions Évangéliques de Paris, si l'on se fie aux échanges de correspondances avec le pasteur Alfred Boegner (1851-1912). Il lui a communiqué le 11 octobre 1900 une note du gouverneur de la Guinée française qui souhaitait l'installation d'une mission protestante française. Binger resta à son poste jusqu'au 10 octobre 1907[19].

À sa mort, il reçut des funérailles nationales le 14 novembre 1936 à l'Oratoire de la rue St Honoré, avec prise de parole du pasteur Wilfred Monod (1867-1943).

---

16. *Archives des Missions Africaines de Lyon*, Rome, 12.804/02, n° 30490.
17. *Archives des Missions Africaines de Lyon*, Rome, Réponse du R.P. Planque au Gouverneur Binger, Lyon, le 24 février 1895.
18. *Ibid.*
19. Auboin, *Au temps des colonies*, p. 242. Sitôt retraité, il fit partie des 11 actionnaires présents à l'Assemblée constituante de la Société anonyme, la Compagnie de l'Ouest Africain Français, qui eut lieu le 9 octobre 1907, dans les bureaux de la Banque Centrale Française.

De bout en bout, Louis Gustave Binger est reconnu comme un protestant. On l'oppose à « Livingstone parti en Afrique pour y faire œuvre de propagande religieuse et à Stanley, entouré de mercenaires armés[20] ».

## Les communautés protestantes en Côte d'Ivoire

Très souvent, lorsqu'on cite les missions protestantes ayant œuvré sur le territoire actuel de la Côte d'Ivoire, on cite en premier la Wesleyan Methodist Missionary Society (WMMS) de Londres. En réalité, longtemps avant elle, la Côte d'Ivoire a enregistré sur son sol le passage des missionnaires de la Domestic and Foreign Missionary Society (DFMS) of the Protestant Episcopal Church et de l'American Board of Commissioners for Foreign Missions (ABCFM) :

> L'American Board of Commissioners for Foreign Missions, première société missionnaire américaine à l'étranger, a été créée en 1810 par des congrégationalistes de Nouvelle-Angleterre. Des missionnaires ont été envoyés dans de nombreux pays et dans les possessions américaines, mais le travail à Hawaï a été particulièrement remarquable. De 1820 à 1848, plus de 80 missionnaires ont travaillé à Hawaï et y ont introduit le christianisme, l'éducation occidentale et la presse[21].

Avant de quitter Cap Palmas et l'ABCFM en 1842 pour fonder une mission épiscopale au Gabon, le missionnaire John Leighton Wilson (1809-1886) faisait des excursions jusqu'à la localité de Grabo dans l'actuelle Côte d'Ivoire[22]. Après son diplôme obtenu au Columbia Theological Seminary, il étudia l'arabe à l'Andover Theological Seminary (États-Unis) avant de représenter l'ABCFM dès 1833 à l'ouest du fleuve Cavally au Liberia avec son épouse, la riche aristocrate

---

20. Cabanel, « Louis-Gustave Binger », p. 307, citant le sénateur Marcel Saint-Germain, dans sa préface au *Péril de l'Islam*.
21. Britannica, The Editors of Encyclopaedia, « American Board of Commissioners for Foreign Missions », *Encyclopedia Britannica*, 28 novembre 2016, https://www.britannica.com/topic/American-Board-of-Commissioners-for-Foreign-Missions, page consultée le 31 octobre 2023.
22. Cf. « Journal of Mr. Wilson on a tour to Grabo (March/April 1836) », *Missionary Herald* 33.10 (1837), p. 385-393. Henry H. Bucher Jr., « John Leighton Wilson and the Mpongwe. The Spirit of 1776 in Mid-Nineteenth Century Western Africa », *Journal of Presbyterian History* 54, no. 3, 1976, pp. 291-315. Gerald H. Anderson, *Biographical Dictionary of Christian Missions*, Grand Rapids, Eerdmans, 1999, p. 742.

Mary Elizabeth Bayard. Là, il a fondé des écoles pour le peuple Grebo[23], a établi un alphabet de leur langue[24] et commencé la traduction de la Bible. Ils avaient libéré leurs esclaves et critiquaient ouvertement la politique impérialiste américaine.

La Mission Protestante Épiscopale était une initiative de la DFMS en vue d'un soutien financier aux missionnaires laïcs et consacrés à l'ouest des États-Unis, en Chine, au Japon et au Libéria qui reçut des missionnaires en 1835 et 1836. En 1841, elle créa une station missionnaire et une école à Tabou, au sud-ouest de l'actuelle Côte d'Ivoire. À la mort du premier missionnaire, John Musu Minor, son traducteur krou, continua son œuvre comme pasteur consacré en 1854.

Dès 1870, on enregistre l'arrivée des premiers chrétiens méthodistes[25] dans la région :

> Ces premiers chrétiens méthodistes en Côte d'Ivoire étaient enregistrés comme des « clarks[26] » par l'administration coloniale ou comme « chrétiens méthodistes allogènes ou immigrés » par la population autochtone. Ils ont implanté leurs premiers lieux de culte stables, composés de Fanti, à Allongouanou en 1872 et à Biléoulékro en 1873[27].

La ville de Grand-Bassam était considérée, par les méthodistes, comme un poste ecclésiastique d'émigrés. Par ailleurs, la tradition recueillie à Songon Kassemblé retient le nom d'un ressortissant Sierra Léonais nommé Mantho[28].

En 1892, on constate que toutes les 35 stations de la Mission Protestante Épiscopale en Côte d'Ivoire ne sont plus fonctionnelles. Dans son étude sur « La

---

23. « Les Grebo font partie du groupe Kru, installés au sud du Libéria et au sud-ouest de la Côte d'Ivoire. » Galerie d'Art Africain, « Grebo », https://www.galerie-art-africain.com/art-africain/ethnie-Grebo, page consultée le 6 décembre 2023.
24. Les premiers ouvrages définissant un orthographe et alphabet grebo sont publiés par John Leighton Wilson en 1838 et 1839. John Gottlieb Auer (1832-1874) publie une grammaire grebo en 1870 avec son propre alphabet.
25. 1813 est l'année de la naissance officielle de la Wesleyan Methodist Missionary Society de Londres. Elle a été fondée par les églises anglaises nées du grand réveil conduit par John Wesley (1703-1791).
26. « Un "clark" est un fonctionnaire subalterne de l'administration coloniale », Pohor, « L'Église Protestante Méthodiste Unie de Côte d'Ivoire », note no. 5.
27. Pohor, « L'Église Protestante Méthodiste Unie de Côte d'Ivoire », p. 23.
28. Philippe Adjobi, *Liturgie de dédicace du temple Bethléem de Songon Kassemblé*, Abidjan, Église Méthodiste Unie de Côte d'Ivoire, 2006, p. 6. Cité par Florentine Akabla Agoh, *La christianisation du pays Ébrié de 1904 à 1960*, Abidjan, Université de Cocody, 2008, p. 206.

Côte d'Ivoire occidentale », C. Wondji note bien la présence de missionnaires protestants :

> Certaines missions protestantes installées au Libéria, à Cap Palmas notamment, envoient des agents dans les territoires d'obédience françaises. Aussi des missions protestantes existent-elles dans les villages Tépos d'Olodio et Grabo. En fait, les missionnaires libériens établis en ces lieux s'occupent moins de prosélytisme religieux que de culture de café et de commerce. Leur présence consiste uniquement à maintenir les relations commerciales jadis florissantes des négociants de Cap Palmas et des indigènes du Bas Cavally[29].

À partir de 1893, les autorités coloniales vont être en contact avec les communautés protestantes présentes en Côte d'Ivoire.

En 1895, Grand-Bassam accueille John A. Bonny, couturier de profession, envoyé par le circuit de Dixcove, un village situé sur la côte du Ghana (Gold Coast) :

> Par la perspicacité de ses vues, et par ses conseils, par son calme et la modération de ses positions, il aide grandement et efficacement celle-ci dans la solution de ses problèmes. Par sa disponibilité et son engagement, la vie spirituelle de la communauté se ranime, se renforce, se consolide, les membres retrouvent une plus grande solidarité, une plus grande fraternité. Aussi, une année à peine après son arrivée, la communauté lui témoigne-t-elle sa confiance en le choisissant comme son guide spirituel, son catéchiste. [...] Vers la fin de l'année 1896, il reçoit notification de son circuit le nommant officiellement catéchiste méthodiste à Grand-Bassam... Sous son initiative, une école du dimanche est créée en 1897 à Grand-Bassam. Ouverte avec huit élèves, elle en compte 70 l'année suivante[30].

On peut remarquer sur le tableau des communautés protestantes avant 1908 que les fidèles résidaient surtout dans les localités situées au sud du pays et étaient majoritairement originaires de colonies anglaises. Les informations du même tableau indiquent ici et là quelques chiffres montrant le faible nombre des protestants en Côte d'Ivoire.

---

29. Wondji, « La Côte d'Ivoire occidentale », p. 377, 378.
30. Legbedji-Aka, *École Protestante et Société dans la Côte d'Ivoire coloniale*, p. 242, 243.

Tableau 1. Les communautés protestantes en Côte d'Ivoire avant 1908

| Communauté | Fondation | Composition |
|---|---|---|
| Assinie | 1893 | Protestants originaires de Sierra Leone et de la Gold Coast. En 1898, il y avait 60 membres. En 1899, Westman est nommé catéchiste par le circuit d'Axim. |
| Grand-Bassam | 1895 | En majorité Fanti[31]. 19 juin 1894 : dix protestants originaires de la Gold Coast, établis à Grand-Bassam signent une demande d'autorisation de tenir leurs réunions religieuses le dimanche. |
| Yocoboué | 1905 | Uniquement Fanti. |
| Aboisso | 1907 | 30 mars 1907 : six protestants d'Aboisso adressent une demande d'autorisation d'ouvrir un temple protestant. |
| Grand-Lahou | 1908 | En majorité des Sierra léonais. 1909 : temple à Grand-Lahou. |

Source : Archives nationales de Côte d'Ivoire, 3EE7 (5) Correspondance échangée avec la mission protestante relative aux demandes d'autorisation de construire des temples, d'exercer le culte, de se réunir.

En 1911, la communauté d'Aboisso, étant capable de subvenir à ses besoins, accepte la nomination de John Swatson, un Nzima originaire de la Gold Coast, en qualité d'évangéliste laïc.

Déjà pendant l'administration de Binger, les missionnaires britanniques en poste à la Gold Coast avaient fait une première demande d'ouverture d'une mission protestante en Côte d'Ivoire. La réponse en a été négative. Les missionnaires britanniques renouvelèrent leur demande sous l'administration de Mouttet, enfin sous Clozel, croyant chaque fois que le changement d'administration leur sera favorable, mais chaque nouvelle demande appelait un nouveau refus, avec bien sûr des arguments différents. [...] En 1899, [...] sur l'insistance du Rév. C. R. Johnson, chairman de la mission de la Gold Coast, de créer des postes missionnaires en Côte d'Ivoire, il fut révélé pour la première fois au missionnaire britannique que l'autorisation d'installer une mission protestante en Côte d'Ivoire

---

31. Peuple et langue du sud du Ghana actuel.

ne sera accordée que si la WMMS s'affilie à une société missionnaire française qui seule pourra assumer la responsabilité juridique de ladite mission. [...] En 1901, le Rév. E. C. Barton, en route pour la Gold Coast s'arrêta à Grand-Bassam pour soumettre à nouveau aux autorités de la Côte d'Ivoire leur projet d'établissement d'une mission et de création d'écoles[32].

**Réflexions patriotiques d'un évêque français en 1915**

**Vicariat Apostolique**                Grand-Bassam, le 12 mai 1915
**de la Côte d'Ivoire**

Le Vicaire Apostolique de la Côte d'Ivoire
à Monsieur le Gouverneur de la Côte d'Ivoire
Monsieur le Gouverneur,

Le R. P. Bonhomme, supérieur de la Mission d'Aboisso, vient de m'adresser copie de la note officielle datée du 21 avril dernier, par laquelle lui est refusée l'autorisation d'ouvrir une église catholique à Krinjabo. Vous me permettrez bien, en tant que supérieur hiérarchique du R. P. Bonhomme, qui agissait, en l'espèce, avec mon entière approbation, de vous soumettre respectueusement quelques réflexions au sujet de ce refus et des motifs invoqués à l'appui. Nous avions toujours pensé, Monsieur le Gouverneur, que, si certains pouvaient contester l'utilité de notre action religieuse, du moins, il n'était loisible à personne de concevoir et d'émettre des doutes sur la sincérité de nos sentiments patriotiques. Nous croyons l'avoir prouvé tout récemment, notre patriotisme, au moment de la mobilisation générale ; [...] Dernièrement encore, trois de nos Confrères, Alsaciens de naissance et Français de cœur, menacés d'être considérés et traités comme des membres effectifs de la nation allemande qu'ils abhorrent, ont préféré contracter un engagement dans la Légion étrangère, renonçant à revendiquer le bénéfice d'un droit universellement reconnu en France à leurs compatriotes, et faisant de grand cœur à la France le sacrifice de leur vie sacerdotale et apostolique.

Nous ne doutions pas, après cela, d'être considérés en haut lieu comme de bons et loyaux Français, et voici que vous nous mettez sur le même pied que des clarks qui, sous couleur de religion, ont

---

32. Legbedji-Aka, *École Protestante et Société dans la Côte d'Ivoire coloniale*, p. 263, 264.

incité les indigènes à mettre en échec l'autorité française ! [...] Je ne voudrais pour rien au monde, Monsieur le Gouverneur, que vous puissiez me suspecter, en l'occurrence, d'intolérance religieuse. Ne fût-il question que de la religion protestante, je vous prie de croire que nous sommes encore assez libéraux pour lui reconnaître droit de cité et de propagande. Mais vous savez parfaitement que la question religieuse se double ici d'une question politique. Lorsque Harris, le fameux prophète, a sévi sur la Côte d'Ivoire, nous avons été des premiers, sinon les premiers, à voir le péril et à le signaler. Nous avions vu juste, puisque l'Administration s'est émue et que bien des foyers de discorde ont été supprimés. ...

Dans les régions de la Basse-Côte, (le Sanwi surtout), catholique est synonyme de français ; protestant est l'équivalent d'anglais, que nous le voulions ou non. Or, à la suite de vaste mouvement déchaîné par Harris, depuis la disparition de ses fétiches, l'indigène s'est mis à la recherche d'une religion qui puisse remplacer le culte disparu ; et rien ne pourra l'arrêter dans cette voie, car il lui faut une croyance, quelque vague et grossière qu'elle puisse être. S'il ne se tourne pas vers la religion des français, ce sera vers le protestantisme anglais tel que les prédicants noirs la comprennent, c. à d. une secte essentiellement ennemie de la France et des français. Cette idée qu'ils s'en forment est évidemment absurde, surtout à notre époque, mais l'existence de cette étrange mentalité a été surabondamment prouvée par les faits. D'où il s'en suit, à mon humble avis, que nous entraver dans notre action, c'est faire en quelque sorte le jeu de la propagande anti-française. Ces populations côtières nous voyant désavoués, en somme, par le gouvernement dont elles nous croyaient jusqu'ici les plus fidèles soutiens, se tourneront vers les autres et ce ne sera certes pas pour le plus grand bénéfice de l'ordre et de l'influence français et ce ne sera pas dans les grands centres seulement que s'exercera cette action dissolvante, mais plutôt dans les villages protégés par leur éloignement. Point ne leur sera besoin d'une église autorisée : une paillote ou un simple hangar suffira. Je m'arrête, Monsieur le Gouverneur. J'ai cru remplir mon devoir d'évêque et de bon Français en vous soumettant ces quelques considérations et me tenant à votre disposition pour continuer de vive voix cet échange d'idées, si vous le jugez à propos. Après tant de marques de bienveillance que vous nous avez données ; connaissant votre esprit d'équité et votre haute impartialité, je ne puis m'empêcher de croire que votre bonne foi a été surprise. Si vous persistez néanmoins dans cette ligne de conduite, il ne me resterait plus qu'à m'incliner avec une profonde tristesse dont j'essaierais d'écarter toute amertume ; mais nous n'en continuerons pas moins à répandre, dans notre modeste sphère, l'influence et l'amour de la France, regrettant seulement qu'il ne nous soit pas permis de faire davantage[33].

Un autre dignitaire protestant venu de la Gold Coast (Ghana actuel) va séjourner en Côte d'Ivoire avec la ferme intention d'y étendre sa mission : il s'agit de Mark Christian Hayford.

## Mark C. Hayford, pionnier africain des missions protestantes en Côte d'Ivoire

Mark C. Hayford est né le 18 août 1864[34] à Anamabu en Côte d'Or, du pasteur méthodiste Joseph de Graft Hayford et de Mary Ewuraba Brew. Il fréquenta la Wesleyan Methodist School et la Wesleyan High School à Cape Coast.

En 1888, il s'établit à Asaba (à l'est de Lagos) comme employé de bureau auprès du tribunal supérieur de la Royal Niger Company. Il devint dirigeant de culte puis prédicateur à la Church Missionary Society tout en gardant le contact avec la Mission Méthodiste de la Côte d'Or.

En février 1893, le synode annuel du district de la Côte d'Or accepta sa candidature à la charge de pasteur. Le 11 septembre 1893, arrivé en Côte d'Or, il se rendit à Chama pour diriger l'Église méthodiste[35]. En février 1894, il réussit son examen et fut accepté par le synode de district comme vicaire.

De 1894 à 1897, Mark C. Hayford fut le premier pasteur méthodiste dans les mines d'or de Prestea et Tarkwa (environ 60 km au Nord d'Axim) puis il partit le 17 juin 1895 trois mois durant en Angleterre où il prit contact avec l'African Methodist Episcopal Zion Church.

L'African Methodist Episcopal Zion Church a été organisée en 1796 par un groupe de membres noirs protestant contre la discrimination dans l'église de John Street située à New York. Leur première église, construite en 1800, s'appelait Sion ; plus tard, il deviendra une

---

33. Archives Nationales de la Côte d'Ivoire, 3EE 7 (19), Lettre de Mgr Jules Moury, premier vicaire apostolique de la Côte d'Ivoire (1910-1935) au Gouverneur de la Côte d'Ivoire.
34. J. Decorvet, *Les matins de Dieu*, Nogent, MBCI, 1977/2020, p. 22.
35. Stefan Schmid, *Mark Christian Hayford (1864-1935) un missionnaire pionnier de l'Afrique de l'ouest*, Bonn, Mémoire de maîtrise de théologie, 1999, p. 21.

partie du nom de la nouvelle dénomination. La première conférence annuelle a eu lieu dans cette église en 1821 représentée par 19 prédicateurs du clergé, et présidée par un représentant de l'Église épiscopale méthodiste blanche. James Varick (1750-1827), le leader de la dissension de John Street, a été élu premier évêque à cette conférence. Le nom African Methodist Episcopal Zion Church a été approuvé lors de la conférence générale de 1848.

En 1897, le synode envoya M. C. Hayford à Appam (entre Cape Coast et Accra) et le proposa comme candidat à l'ordination. Le 23 février 1898, le synode de Cape Coast rejeta l'ordination de Mark C. Hayford pour plusieurs raisons que l'on peut résumer ainsi. Il avait été faussement accusé d'impudicité, d'avoir nommé des responsables qui étaient sous discipline ou non mariés légalement, d'avoir incité à prendre sa défense, d'avoir l'idée de créer une nouvelle dénomination.

C'est pourquoi il décida de participer pendant deux semaines au dixième anniversaire de l'Église Baptiste Autochtone à Lagos. Le dimanche de Pâques, le 7 avril 1898, il fut ordonné par le célèbre pasteur baptiste Mojola Agbebi (1860-1917).

> Fils d'un catéchiste anglican nigérian (yoruba), Agbebi a reçu le nom de David Brown Vincent lors de son baptême. Formé par la Church Missionary Society (CMS) et nommé enseignant en 1878, il quitte la CMS en 1880 à la suite d'une mesure disciplinaire. Convertis vers 1883 lors d'un service de réveil baptiste, lui et sa femme, Adeline Adeotan, devinrent alors baptistes. Agbebi a joué un rôle de premier plan dans la création en mars 1888 de la Native Baptist Church à Lagos. Comprenant l'importance du leadership africain pour une église africaine, il a affirmé la richesse de la culture africaine et, en 1894, a cessé d'utiliser David Brown Vincent comme nom. Prédicateur et pasteur exemplaire, il a initié un travail d'évangélisation en pays Yoruba et dans le delta du Niger. Tout en maintenant ses ambitions baptistes, Agbebi était un apôtre de l'œcuménisme et un ambassadeur pour l'Afrique au sens large. Son contact en 1895 avec un baptiste gallois, William Hughes, aboutit à la formation de certains Africains à l'African Training Institute au Pays de Galles. En 1903, il se rendit aux États-Unis et en Grande-Bretagne pour recueillir des fonds pour soutenir son travail d'évangélisation en Afrique de l'Ouest. En 1898, il fonde l'Union Baptiste Africaine d'Afrique de l'Ouest. Il a été le premier président de l'Association baptiste yoruba, formée en 1914, et il a soutenu les efforts de sa

femme dans la création de la Ligue nationale des femmes baptistes en 1919. Visionnaire, il a consacré sa vie à l'évangélisation, à l'éducation et à l'avancement du leadership africain[36].

Mark C. Hayford va fonder en 1898 une société missionnaire : The Baptist Church and Mission and The Christian Army of the Gold Coast.

C'est lors du 11ᵉ anniversaire de l'Église Baptiste Autochtone en 1899 à Lagos que fut fondée l'Union Autochtone Baptiste de l'Afrique de l'Ouest dont Mark C. Hayford fut un des premiers responsables :

| Président |
|---|
| Mojola Agbebi |
| **Vice-Présidents** |
| T. G. Lawson (Sierra Leone) — Joshua Dibundu Dibue (Cameroun) |
| **Secrétaire** |
| Mark C. Hayford |

Le 29 mai 1899, Mark C. Hayford s'est rendu d'abord à Londres puis à Colwyn Bay et à Keswick où il s'est joint à la Ligue de Pentecôte. Il séjourne en Amérique d'octobre 1899 à décembre 1900 visitant beaucoup d'églises avec des conférences à l'Université Howard à Washington et à la Faculté de Théologie Colgate-Rochester à New York. Après son séjour en Amérique, Mark C. Hayford résida encore 18 mois en Angleterre avant de rentrer en juin 1902 à Axim. C'est pendant ce séjour, précisément le 29 avril 1901, qu'il a été officiellement accepté comme Fellow of the Royal Geographical Society.

En 1903, il publia un ouvrage intitulé *West Africa and Christianity*[37] dans lequel il énonce clairement que « ce sont les Africains qui doivent apporter l'Évangile à l'Afrique » :

> Il y montre, avec beaucoup de citations à l'appui, que l'Afrique de l'Ouest avait déjà d'importantes civilisations avant l'arrivée des Européens. Puis il discute s'il est juste que certaines Églises ne reconnaissent pas le mariage traditionnel, un sujet qu'il avait déjà à cœur au début de son ministère. Dans le chapitre sur la polygamie,

---

36. Mathews A. Ojo, « Agbebi, Mojola », *Dictionnaire des Biographies des Chrétiens d'Afrique*. https://dacb.org/stories/nigeria/agbebi-2mojola/.
37. Mark C. Hayford, *West Africa and Christianity*, Londres, Baptist Tract & Book Society, 1903.

il prend clairement position pour la monogamie. Dans son aperçu de l'histoire des missions en Afrique de l'Ouest, il souligne les deux tâches majeures de l'œuvre missionnaire : former des nationaux et libérer l'Évangile de la culture occidentale. Puis il plaide pour que les Africains reçoivent la même formation que les Européens et les Américains. Au dernier chapitre, il souligne l'avantage des Églises dirigées par des nationaux et insiste sur le fait que l'Afrique peut seulement être réellement touchée par l'Évangile par des Africains[38].

Mark C. Hayford est revenu le 1ᵉʳ mars 1904 à Cape Coast avec sa famille. En 1905, il voyagea pendant quatre mois dans la région du delta du Niger et au Cameroun. Dans les quatre premiers mois de l'année 1906, il poursuivit ses voyages de la Sierra Leone jusqu'à Lagos en vue de recueillir des fonds pour la construction d'un temple qui fut inauguré le 3 juin 1906. En juillet-août 1906, il fit un voyage à Cap Palmas au Liberia et collecta de l'argent dans les Églises en Côte d'Ivoire. En juillet-août, il séjourna au nord-ouest de l'actuel Nigeria et en novembre 1907 au Liberia. De septembre à novembre 1908, il partit à la recherche de fonds en Guinée, en Gambie, en Sierra Leone et en Côte d'Ivoire où il rendit visite aux communautés fantis venues de Côte d'or et travaillant dans les maisons de commerce. Il participa à la conférence missionnaire mondiale à Édimbourg (en 1910). Même s'il ne fut pas parmi les 1 200 invités, son nom fut mis sur la liste des délégués le dernier jour. Il fut membre fondateur de l'Aborigines' Rights Protection Society (ARPS) et accompagna la délégation de l'ARPS auprès du Secrétaire d'État à Londres le 28 juin 1912. La même année, l'Université de l'État à Louisville (États-Unis) lui accorda le titre de *Doctor of Divinity*. En 1913, il publia à Londres un annuaire intitulé *Year-Book and Report*[39], qui indiquait la constitution de la Baptist Church and Mission, le rapport de ses activités (p. 42-64), les statistiques (p. 65), un aperçu des finances (p. 66-67), la liste détaillée de tous les dons avec des souscriptions envoyées à son œuvre en provenance de plusieurs localités de Côte d'Ivoire comme Abidjan, Grand-Bassam, Assinie, etc.[40] (p. 68-114), la liste des itinéraires (p. 115-125), des informations sur l'Union Baptiste Autochtone de l'Afrique de l'Ouest (p. 126). Le taux de croissance des

---

38. S. Schmid, *Mark Christian Hayford (1864-1935) : un missionnaire pionnier de l'Afrique de l'ouest*, Bonn, AFEM-Mission Scripts, 1999, p. 44.
39. Mark C. Hayford, *Year-Book and Report. The Baptist Church and Mission and the Christian Army of the Gold Coast*, Londres, George Tucker, 1913.
40. Archives Nationales de Côte d'Ivoire, 3EE 7 (2), « Lettre de Mark C. Hayford au Lieutenant-Gouverneur de la Côte d'Ivoire ».

fidèles de la mission de Hayford en Côte d'Ivoire en 1913 devait être sensiblement le même que celle des communautés méthodistes :

> Leur évolution en nombre de fidèles et en lieux de culte n'avait numériquement progressé que de 7 %, selon les statistiques de 1912. Ce taux de croissance était insuffisant par rapport à la moyenne du taux de croissance global du district de l'Afrique-Occidentale française (A.-O.F.) qui était de 70 %[41]. Cet état de stagnation avait attiré l'attention du synode annuel de 1913, lequel avait demandé qu'une attention particulière et une direction soutenue soient accordées aux communautés de la « diaspora ivoirienne »[42].

Cela permet d'apprécier à sa juste valeur l'œuvre du prophète protestant libérien qui sillonna les côtes ivoiriennes de 1913 à 1915, et décrit par Jacques Blocher comme un « personnage impressionnant, Africain de haute stature portant redingote et lunettes cerclées d'or...[43] »

---

41. Voir Legbedji-Aka, *École Protestante et Société dans la Côte d'Ivoire coloniale*, p. 232.
42. Pohor, « L'Église Protestante Méthodiste Unie de Côte d'Ivoire », p. 27.
43. Jacques E. Blocher, « Pourquoi la Mission Biblique est-elle née en 1927 ? », *Fac -Réflexion* n°44, 1997, p. 16.

# 2

# Le « passage météorique » de William Wadé Harris

On ne peut pas parler du protestantisme en Côte d'Ivoire sans évoquer l'œuvre de William Wadé Harris qui est considérée comme un « fait religieux presque incroyable […], l'événement politique et social le plus considérable de dix siècles d'histoire, passée, présente ou future de la Côte d'Ivoire maritime[1] ».

Son séjour en Côte d'Ivoire a été tellement bref et rapide que David Shank le compara à une « météorite[2] ». Plusieurs facteurs peuvent permettre de comprendre la brièveté de son ministère et jusqu'ici la plus grande partie des auteurs et autres analystes restent impressionnés par les résultats fabuleux obtenus pendant les trois années d'activités apostoliques.

Avant d'évaluer les conséquences du passage de William Wadé Harris en Côte d'Ivoire, nous examinerons son itinéraire et surtout ses origines et sa formation.

## Origine et formation

William Wadé Harris est né vers 1860 dans un village à Cap Palmas (au sud-est du Liberia). Sa mère était probablement chrétienne (méthodiste), mais son père n'était pas chrétien. Il mène sa vie d'enfant dans le village de 1860 à 1873 : c'est une période de dispute entre divers groupes grebo, de tensions et guerre entre habitants de la colonie grebo, et de conflits entre chrétiens et non

---

1. P. Marty, *Études sur l'Islam en Côte Ivoire*, Paris, Leroux, 1922, p. 13.
2. David A. Shank, « Le Pentecôtisme du prophète William Wadé Harris », *Archives de sciences sociales des religions*, n°105, janvier-mars 1999. « Le Pentecôtisme : les paradoxes d'une religion transnationale de l'émotion », p. 51 ; https://www.persee.fr/doc/assr_0335-5985_1999_num_105_1_1078.

chrétiens. De 1873 à 1879, Wadé réside à Sinoe (Greenville) avec son oncle John C. Lowry, maître d'école et serviteur de Dieu méthodiste. Wadé fréquente l'école locale où il apprend à lire et à écrire en grebo et en anglais. Il est aussi baptisé par John Lowry pendant cette période et s'initie aux règles rigoureuses de la vie de l'Église méthodiste (le respect du sabbat, la prière du matin, du soir et de la mi-semaine, la lecture de la Bible et les cours de chants, etc.). Son prénom William et son nom Harris font leur apparition pendant cette période[3].

En 1879-1880, William Wadé Harris travaille en qualité de « kru-boy[4] » ; il fait quatre voyages en mer comme simple ouvrier sur le bateau : deux fois à Lagos, deux fois au Gabon. Les voyages de Cap Palmas au Gabon et le retour durent 40 jours et comprennent généralement des escales en Côte d'Ivoire, en Gold Coast, au Dahomey. En 1881-1882, à Cap Palmas, William Wadé Harris se convertit :

> La première fois que je me convertis ce fut par le moyen du Rév. Thompson, un Libérien, dans l'Église Méthodiste Épiscopale de Cap Palmas. J'avais 21 ou 22 ans.
>
> Rév. Lowry était mort. Mon frère, plus âgé que moi de deux ans, était déjà converti, sa conversion avait eu lieu pendant mon séjour à Sino. Je fus converti ici (Cap Palmas). Le Rév. Thompson prêchait sur le texte de Apo. (Apocalypse) 2.4-5 : « Ce que j'ai contre toi, c'est que tu as abandonné ton premier amour. Souviens-toi donc d'où tu es tombé, repens-toi, et pratique tes premières œuvres ; sinon, je viendrai à toi, et j'ôterai ton chandelier de sa place, à moins que tu ne te repentes »[5].

Au début, il exerça un ministère de prédication bénévole rendu possible par son propre travail de maçon et par un travail journalier en tant qu'ouvrier dans les mines d'or de l'ouest de la Gold Coast.

En 1885-1886, il se marie à Rose Bedo Wledo Farr (fille d'un maître d'école et catéchiste épiscopalien réputé, John Farr) et s'installe avec elle à la station missionnaire de Spring Hill[6]. Confirmé comme membre de l'Église épiscopalienne

---

3. J. Rouch, « Introduction à l'étude de la communauté de Bregbo », *Journal de la Société des Africanistes*, 1963, tome XXXIII, fascicule 1. p. 143 : « Un de ses disciples africains, Mr Campbell, l'appelle Wurry Harris (cité par J. Bianquis). Les gens des lagunes l'appelaient Latabou (G. Tauxier) ou Latagbo (Amon d'Aby). Au Libéria, il serait connu sous le nom de William Harrison ».
4. Ce terme local signifie navigateur.
5. Cité par D. A. Shank, « Le Pentecôtisme du prophète William Wadé Harris », *Archives de sciences sociales des religions*, n°105, 1999, p. 57, 58.
6. Spring Hill est une localité de Libéria située au nord de Half Graway Village et au nord-ouest de King Budu.

en 1888, il fait l'école protestante épiscopalienne de Graway puis sert la mission de 1892 à 1898 comme moniteur adjoint, catéchiste, prédicateur laïc, etc. Le bas salaire payé par la mission et l'intérêt pour son peuple l'amènent à accepter un travail supplémentaire dans la fonction publique où il sert en qualité d'interprète. Il fut éducateur d'internat de Spring Hill en 1903, année de naissance de son sixième et dernier enfant. Il fut renvoyé pour des raisons inconnues.

> En 1903, il est nommé maître enseignant chargé de l'internat de 38 élèves à Spring Hill, et catéchiste principal pour la station. Pour tout le District de Graway, il est en seconde position pour l'autorité au sein de la mission épiscopalienne. En 1904, il entre en conflit avec l'Évêque Ferguson et l'école est suspendue provisoirement. En juillet 1905, il est de nouveau à l'œuvre à l'école. Il deviendra *Junior Warden* de l'Église sur la station missionnaire. En juillet 1907, en tant que catéchiste, il est menacé de mort par la population non-chrétienne de Graway qui exige qu'il absorbe une boisson de mise à l'épreuve (*sassiwood*), mais il est sauvé par l'intervention des ecclésiastiques convoqués à Harper. En octobre 1907, son intention de poursuivre sa vocation missionnaire évangélique est attestée par sa commande aux États-Unis d'un nouveau *Prayer Book* avec cantiques de l'Église épiscopalienne[7].

Les rapports entre les autochtones grebo et les autorités libériennes se détériorent rapidement pour se transformer en crise dès 1907-1908. Le Liberia a connu « plusieurs révoltes ou guerres civiles en 1856, 1865, 1893 et 1910 qui ont été réprimées par les autorités […] grâce à l'intervention de l'armée américaine[8] ».

> Ce petit pays (111 000 km$^2$, 2 800 000 habitants environ) a été fondé en 1822 par une société philanthropique américaine pour réinstaller en Afrique des esclaves libérés aux États-Unis. De cette date à la guerre de Sécession, 16 000 d'entre eux franchirent l'Atlantique et s'établirent à Monrovia, puis en d'autres points de la côte, en général aux meilleurs sites maritimes et à l'estuaire des principales rivières, navigables sur de courtes distances. Les pertes dues à l'insalubrité du climat étaient lourdes ; ces colonies (*settlements*) restèrent toujours chétives, malgré le renfort de 6 000 « Congo », esclaves rattrapés en haute mer à bord de navires négriers et conduits au Libéria par la marine américaine (De même que la marine anglaise amenait les

---

7. Shank, « Le Pentecôtisme du prophète William Wadé Harris », p. 61, italiques dans l'original.
8. Djoro, *Harris et la chrétienté*, p. 39.

siens à Freetown et la française à Libreville). La proclamation de l'indépendance en 1847, avec une constitution copiée sur celle des États-Unis, ne traduisait pas une quelconque forme de séparatisme, mais la nécessité d'obtenir la reconnaissance internationale pour pouvoir établir des taxes sur le trafic maritime, principale ressource du budget du « Commonwealth of Liberia ». Cette indépendance et cette constitution ne concernaient que les « civilisés », chrétiens et anglophones, les « Américano-Libériens », et non les *natives*, autochtones d'une vingtaine d'ethnies différentes, considérés comme des sauvages auxquels il fallait apporter – sans excès de précipitation – les lumières de la civilisation. Les rapports entre les deux communautés furent souvent mauvais, parfois violents, avec, dès l'origine, des révoltes et des répressions féroces[9].

En 1909, Harris, qui s'était déclaré *Secretary of the Graway People* (Secrétaire du peuple de Graway), fut arrêté, jugé et reconnu coupable de trahison : on l'accusa d'avoir participé à un coup d'État manqué qui visait à renverser l'autorité des Américano-Libériens par une forme de protectorat anglais[10]. Démis de ses fonctions ecclésiastiques par l'évêque Ferguson, il fut condamné à deux ans de prison et à 500 dollars d'amende. Il paya l'amende mais ne purgea pas la peine de prison. En 1910, la guerre entre son peuple et le gouvernement américano-libérien éclata. Harris retourna en prison. En mai, le peuple grebo écrasé se rendit et fut soumis à des conditions pénibles. Ce sera le moment de l'appel de Harris au ministère prophétique :

> Une nuit, il est réveillé sur son lit de prison et est appelé par Dieu au travers de l'archange Gabriel pour, entre autres, échanger son

---

9. Yves Marguerat, « Harbel, Yekepa, Kakata, Buchanan et les autres... : Histoire sociale, vie politique et urbanisation au Liberia », *Politique africaine* n° 17, mars 1985, p. 121-122.
10. André Mary, « William Wadé Harris Prophète des derniers temps », *Ethnologie française*, vol. XLVI, 2016/3, p. 440 : « On peut considérer que ce révolté, instructeur lettré et interprète qui se pensait comme le "secrétaire de son peuple", fut en fait l'agent d'une conspiration orchestrée par un certain Edward Blyden, une grande figure cosmopolite du panafricanisme et de l'émancipation des Noirs, lui-même né de parents africains dans une île danoise des Indes occidentales, éduqué dès l'âge de seize ans aux États-Unis, enseignant dans un collège libérien de l'Église presbytérienne et impliqué au plus haut niveau, comme secrétaire d'État, dans la gouvernance de la République du Liberia. Il était néanmoins arrivé à la conclusion que l'État libérien était vraiment trop corrompu et pourri, en voie de décomposition. Pour lui, le salut des Noirs africains passait désormais par l'alliance avec les Blancs britanniques, les races pures, blanches et noires, étant appelées à prendre le dessus sur les peuples métissés et bâtards comme les "Americano-Libériens". »

vêtement de type occidental contre une robe genre toge et se mettre à prêcher la destruction des fétiches et le règne de Jésus-Christ[11].

Ses activités prophétiques commencent au Liberia en 1910 après le décès de son épouse Rose Bedo Wledo Farr (juin) dès sa sortie de prison. Il est donc important de s'attarder quelque peu sur cette expérience vécue par Harris qui est qualifié de pentecôtisme par D. Shank :

> L'effusion spontanée qu'il vécut en 1910, sous le régime colonial americano-libérien, dans la solitude de sa prison, avait les accents d'une « inculturation africaine » ; ce qui a conduit, de fait, à assimiler Harris aux « prophétismes africains » plutôt qu'à un christianisme pentecôtiste. D'un strict point de vue phénoménologique pourtant, Harris fut bel et bien un chrétien pentecôtiste[12].

On le retrouve dans les rues, exhortant les foules à la repentance. De 1912 à 1913, il prêche en divers endroits du pays y compris à Monrovia avec un succès très limité[13]. Son message sera mieux reçu hors du Libéria, notamment sur les côtes ivoiriennes.

## William Wadé Harris sur les côtes ivoiriennes

En juillet 1913, il abandonne le Liberia, part de Cap Palmas en compagnie de deux chanteuses – musiciennes, Helen Valentine et Mary Pioka[14]. Ils se dirigent à pieds vers l'Est en suivant la côte. En août 1913, il prêche parmi les populations Krou des villages et des villes portuaires qui se trouvent le long de la côte : Tabou, San Pedro, Sassandra, Drewin, Kadropa, Fresco, etc. Au début du mois de septembre, il entre dans le cercle de Grand-Lahou, passe une quinzaine de jours dans le village Avikam d'Ebonou avant d'aller à Lauzoua. Il y passe à peu près un mois. Puis il est arrêté et transféré à Grand-Lahou en pirogue. Il fait une brève escale à Tiokossoukrou, un autre village dida visité par le prophète. Le séjour à Grand-Lahou ne dure que quelques jours : il est interrogé par l'administrateur, emprisonné, relaxé et sommé de quitter la région. Il part à Kraffy, un petit village de pêcheurs plus à l'Est dans le cercle des Lagunes. Il va y poursuivre

---

11. D. A. Shank, « Bref résumé de la pensée du prophète William Wadé Harris », *Perspectives missionnaires* n° 5, 1983, p. 3.
12. Shank, « Le Pentecôtisme du prophète William Wadé Harris, p. 53.
13. William Wadé Harris avait reconnu devant le pasteur Pierre Benoit en 1926 que les Libériens se moquaient de lui, le traitant de « kru-boy » et de prétendu prophète.
14. Djoro, *Harris et la chrétienté*, p. 40.

son ministère de destruction de fétiches, de baptême, de prédication aux foules impressionnantes de pèlerins qui, de toutes les directions, convergeaient vers Kraffy.

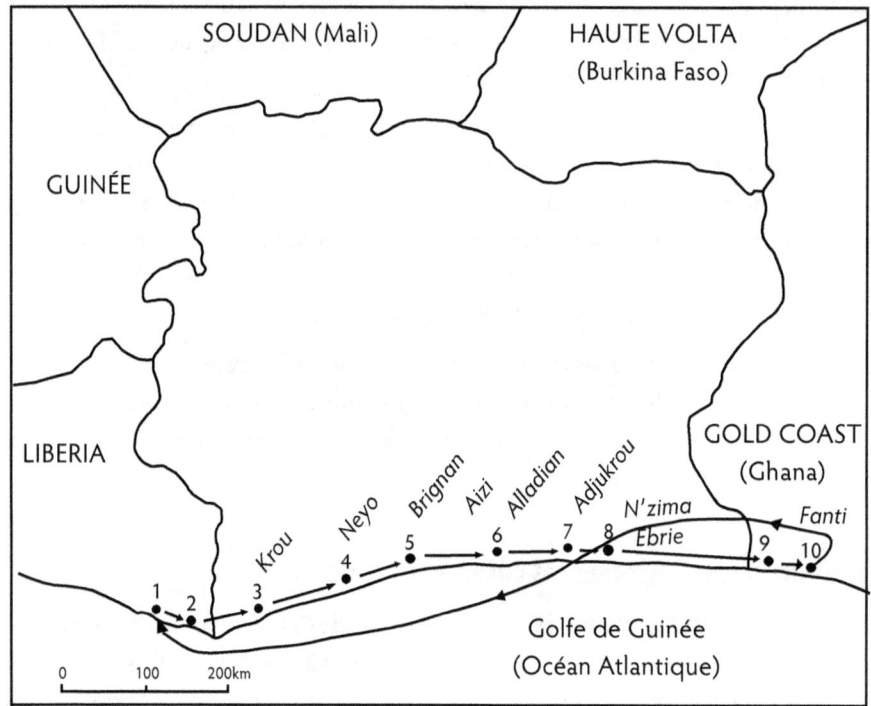

| | |
|---|---|
| 1. | Garaway |
| 2. | Harper |
| 3. | Tabou |
| 4. | Sassandra |
| 5. | Grand-Lahou |
| 6. | Jacqueville |
| 7. | Petit Bassam |
| 8. | Grand-Bassam |
| 9. | Half Assini |
| 10. | Axim |

**Parcours du prophète Harris en Côte-d'Ivoire et en Gold Coast (localités et ethnies)**

Source : Adapté de Hippolyte Mel Gbadja, « L'action prophétique de William Wadé Harris dans l'histoire de la Mission en Côte d'Ivoire (1913-1915) », Mémoire de Maîtrise en Théologie, Paris, Institut Catholique, 2002, p. 92.

À Kraffy, un clerk assistant de Harris nommé Kodjo réclamait de l'argent aux populations pour son service. Harris le démit de ses fonctions et nomma Latta Mandjui, un ressortissant du village comme nouveau responsable de la communauté harriste. Les clerks se rangèrent alors du côté de Kodjo et provoquèrent la première scission du mouvement Harris entre « l'Église des Anglais » comprenant les clerks et « l'Église des orthodoxes » regroupant les fidèles autochtones d'Harris[15].

En décembre 1913, William Wadé Harris reprend sa route le long de la côte avec des arrêts la nuit[16]. Il a probablement passé deux semaines à Jacqueville.

Au début de janvier 1914, il passe un séjour limité de quelques jours à Grand-Bassam. L'administrateur lui donne l'ordre de quitter le pays. William Wadé Harris quitte la ville le 7 janvier en direction de la Gold Coast où il accomplit son ministère de mai à juin 1914.

> Cependant, si le scénario est à peu près le même que sur le littoral ivoirien, avec foules en liesse, profusion de baptêmes, combats victorieux contre les féticheurs locaux, guérisons miraculeuses, son succès est de moindre ampleur que dans la colonie française ; pendant ses quelques mois de séjour en Gold Coast, Harris doit se borner à de modestes parcours entre la frontière et le pays nzima [...]. En fait, il se heurte, même si elles le laissent plus ou moins faire, aux Églises, notamment méthodiste, qui, implantées de longue date (la colonie britannique, comparée à la française, a déjà une longue histoire), ont la ferme intention de contrôler et de récupérer son action. Avec ménagement, on le prie finalement de rebrousser chemin ; nous sommes en juin 1914, et déjà les missions protestantes et catholiques de la Gold Coast, qui malgré la présence ancienne de certaines, avaient à peine mieux réussi à évangéliser que leurs homologues de Côte d'Ivoire, s'empressent, dans une âpre concurrence, de drainer vers elles la multitude de gens baptisés par Harris ; celui-ci laisse toutefois dans la colonie anglaise une manière d'héritage. Il s'agit d'une ex-prêtresse d'un culte nzima, Grace Thanie, devenue, après s'être convertie, l'une des intimes compagnes du prophète...[17]

---

15. Legbedji-Aka, *École Protestante et Société dans la Côte d'Ivoire coloniale*, p. 77.
16. Shank, « Le Pentecôtisme du prophète William Wadé Harris », p. 37.
17. Jean-Pierre Dozon, *La cause des prophètes. Politique et Religion en Afrique contemporaine*, Paris, Seuil, 1995, p. 31.

En septembre-octobre 1914, Harris revient triomphant dans l'est de la Côte d'Ivoire (Assinie, Grand-Bassam, Bingerville, Bonoua).

> Bonoua détient un fétiche très puissant dont le promoteur, un certain Abi d'origine abidji, très réputé dans toute la Basse-Côte et soutenue par une partie de la population locale, somme Harris de l'affronter. Ce genre de situation de défi plaît manifestement au prophète ; depuis tous ces mois passés en Côte d'Ivoire et en Gold Coast, il a à son actif de très nombreuses victoires, des victoires pourrait-on dire indispensables puisqu'elles lui ouvrirent la voie d'adhésions massives et lui permirent de convertir et de s'allier, quand on ne les déclara pas morts ou disparus, ceux-là mêmes qui l'avaient opportunément défié (ce fut notamment le cas de Grace Thannie). Mais l'affaire lui plaît d'autant plus que l'adversaire, Abi (et son fétiche), a grande réputation, et qu'il y va du même coup de la sienne, comme si un refus ou un échec pouvait soudain tout remettre en question. Harris se rend donc à Bonoua et devant toute la cité rassemblée, et pour l'heure encore divisée, affronte et défait dans un duel éclair le fameux Abi ; on raconte que ce dernier fuit piteusement en brousse et que l'on ne le revit que bien plus tard, converti au Dieu d'Harris. La cité abouré s'emplit alors d'un enthousiasme paroxystique, détruisant et brûlant à qui mieux mieux tout ce qu'elle comptait d'objets cultuels et de fétiches ; puis elle se soumet consciencieusement, les hommes d'un côté, les femmes de l'autre, au baptême du prophète où se signale à la grande satisfaction de tous, la famille du féticheur déchu[18].

Le gouverneur autorise le ministère d'Harris dans toute la colonie. Ainsi, de novembre à décembre 1914, il visite à nouveau les communautés qui sont plus à l'Ouest : Jacqueville, Kraffy, Grand-Lahou. Le 16 décembre 1914, un mémorandum[19] confidentiel en provenance de Bingerville est adressé à tous les administrateurs leur annonçant la décision selon laquelle William Wadé Harris doit être rapatrié et la nouvelle religion doit entièrement disparaître :

> Un administrateur m'a rendu compte du bruit qui circulait dans son Cercle qu'Harris réussirait à obtenir avant peu une diminution du

---

18. *Ibid.*, p. 33, 34.
19. Note écrite sur un sujet important par une personnalité détenant une autorité ou, le plus souvent, par un représentant diplomatique exposant, sur une question donnée, au gouvernement auprès duquel il est accrédité, le point de vue de son propre gouvernement.

taux de l'impôt, voire même la suppression de la capitation. (...) Vous inviterez les prétendus « fils de Dieu » qui parcourent depuis peu les villages à regagner leur pays où ils pourront, à leur aise, porter la bonne parole. Le prophète Harris notamment trouvera au Libéria, son pays, un champ d'action suffisamment vaste. Cette mesure s'impose au moment où les événements d'Europe demandent, plus que jamais, le maintien de la tranquillité parmi les populations de la colonie et, dans ce but, l'entrave à la naissance et à la circulation de toutes fausses nouvelles susceptibles d'inquiéter les esprits[20].

Harris et ses accompagnatrices sont arrêtés à Kraffy, transférés à Grand-Lahou, puis à Dabou et à Abidjan. Ils sont emprisonnés presque nus et battus ; leurs calebasses et la croix-canne de William Wadé Harris sont réduites en morceaux, leur argent et habits volés. William Wadé Harris sera en fin de compte expulsé de la Côte d'Ivoire en janvier[21] ou avril[22] 1915. La première guerre mondiale battait son plein et l'administration coloniale, se voulant prudente, ne pouvait supporter la présence d'un « étranger » qui avait une forte influence sur les populations. Les autorités catholiques romaines ont craint que William Wadé Harris fasse de la Côte d'Ivoire un pays protestant[23].

La raison de la venue du prophète W. W. Harris à Lauzoua est la suivante :

> En 1913, le chef de canton Kouadio Affo et son peuple étaient tous animistes... Voilà qu'en cette même année, le second fils Affo Guigui tombe malade...
> Un jour, de passage à Lauzoua, des hommes venus d'un village voisin, ayant appris la maladie du fils de ce chef, dirent à celui-ci qu'il y a un très bon guérisseur qui est arrivé à Ebounou (appelé Petit Lahou). Celui-ci refusa de venir avec les envoyés, et ils retournèrent bredouilles à Lauzoua. Alors, ils repartirent aussitôt une seconde fois à Ebounou. Arrivés, ils supplièrent l'homme de bien vouloir venir avec eux à Lauzoua, car leurs vies en dépendaient tout comme celui de l'enfant du chef de canton. À ces mots, l'homme accepta et embarqua avec les envoyés pour Lauzoua. Ceux-ci accostèrent à Gouabo (ou Gouobo) quartier du chef de canton. Le peuple de

---

20. Mac Kay Gordon Haliburton, *Le prophète Harris*, Abidjan, NEA, 1984, p. 109.
21. *Ibid.*, p. 111. « Le vice-consul de France à Monrovia atteste, dans un rapport daté du 19 février 1915, avoir vu Harris à Cap Palmas en janvier 1915. »
22. Deaville F. Walker, *Harris le prophète noir. Instrument d'un puissant réveil en Côte d'Ivoire*, Paris, Delattre, 1931, p. 158. Il indique que Harris a été expulsé en avril 1915.
23. Pierre Trichet, « Harris vu par les missionnaires (1, 2, 4) », *La Nouvelle*, n°21, 22, 24, 1992.

Lauzoua ayant eu écho que l'homme dont on parle est arrivé, se rendirent en grand nombre chez leur chef Kouadio Affo. Il fit appel à un de ses administrés du nom de Gbassoua Kouho pour lui servir d'interprète, car celui-ci parlait parfaitement l'anglais. Au bord de Gouobo, l'homme refusa de descendre de la pirogue à condition qu'on fasse venir une femme de ce village dont les chants annoncent les merveilles et glorifient l'Éternel, le Dieu qu'il adore. Le chef demanda alors qu'on appelle cette femme afin qu'elle chante et que l'homme descende pour guérir son fils. La femme leur répondit : « Je veux bien chanter mais malheureusement je ne peux pas marcher. » On apporta cette réponse à l'homme qui insista d'y retourner pour lui dire de venir. Alors, sur l'ordre du guérisseur, ils retournèrent à la paralytique. Mais à leur grande surprise, ils rencontrèrent la femme qui était paralysée, debout, chantant, et marchant vers eux. Elle se nommait Dogblo. Ce fut un grand étonnement pour tout le village. Ce fut le premier miracle. Dogblo, heureuse de sa guérison miraculeuse, chantait en glorifiant Dieu. Elle alla au bord se présenter à l'homme qui la demandait. Dès que celle-ci arriva près de la pirogue, le guérisseur descendit. Il foula ainsi le sol de l'île de Lauzoua. Il se dirigea, lui, sa femme et sa fille à la cour du chef de canton Kouadio Affo suivi de la foule ainsi que la chanteuse Dogblo qui ne cessait de louer Dieu.

À la cour du chef, un autre miracle se produisit : le fils Affo Guigui était guéri. En face de ce miracle, tout le peuple, dans l'étonnement, se demandait et se disait : « Quels miracles de voir Doglo, la paralytique depuis des années et Affo Guigui malade depuis des mois, tous deux, guéris ! cet homme est vraiment fort. C'est un puissant guérisseur ! » Au domicile du chef de canton, le guérisseur se présente :

Je suis William Wadé Harris. Je viens de Cap Palmas (au Libéria). Je suis chrétien de Wesley Church, parlant de l'Église de John Wesley (l'Église Méthodiste Épiscopalienne). J'ai pour mission de brûler les idoles, fétiches génies, chasser les mauvais esprits, combattre les sorciers, enchanteurs et autres forces mystiques. Je ne suis donc pas un enchanteur guérisseur mais plutôt un envoyé de Dieu, le créateur[24].

---

24. Jonas Zamé et al, *L'avènement de l'Évangile à Lauzoua avec le prophète William Wadé Harris*, s.l., M-K Edition, 2018, p. 3-7.

## Les conséquences du passage de Harris

En très peu de temps, Harris va déclencher un mouvement de conversion de masse remarquable. Les indications approximatives suivantes pourront nous situer sur son ampleur.

E. A. Djoro évalue « à plus de 150 000 âmes le nombre de gens touchés directement par sa prédication et qui abandonnèrent aussitôt leurs pratiques religieuses traditionnelles [...] pour embrasser le christianisme[25] ». L'administrateur Gaston Joseph (1884-1977) indique que « son action s'exerça sur une population qui peut être évaluée facilement à 100 ou 120 000 habitants[26] ».

A. Roux porte « à environ 200 000 le nombre de Noirs qui, comme résultat direct ou indirect de la prédication de Harris, ont, à ce moment-là, brûlé leurs fétiches[27] ». La Basse Côte d'Ivoire et surtout le cercle des Lagunes où le prophète a le plus séjourné constituent la zone d'influence de son ministère. Mais, en réalité, les échos de l'œuvre de William Wadé Harris vont aller au-delà du littoral pour toucher l'intérieur de la colonie en particulier le pays baoulé, à Dimbokro[28] et Bouaké, qui fut « la limite Nord du mouvement Harris[29] ».

La mission catholique est la première à avoir bénéficié de l'apostolat de William Wadé Harris avant même que celui-ci ne soit expulsé du pays. P. Trichet, analysant les statistiques de Mgr Jules Moury (1873-1935)[30] et surtout celles du Père Joseph Gorju (1873-1924) qui était « habité par (un) anti-protestantisme viscéral[31] », semble minimiser l'apport du prophète en indiquant : « L'Église catholique a assuré la formation d'une petite partie des convertis de Harris. Car 8 000 catéchumènes sur les 200 000, c'est une petite partie[32]. » Il oublie certainement qu'en 1914, la Côte d'Ivoire ne comptait qu'à peine un millier

---

25. E. A. Djoro, « Les églises harristes et le nationalisme ivoirien », *Le mois en Afrique* n°5, mai 1966, p. 27.
26. Guy Cangah, S. P. Ekanza, *La CI par les textes. De l'aube de la colonisation à nos jours*, Abidjan, NEA, 1978, p. 59. Joseph Gaston, *La Côte d'Ivoire, le pays, les habitants*, Paris, Larose, 1917, p. 160.
27. A. Roux, *L'Évangile dans la forêt*, Paris, Cerf, 1971, p. 25.
28. Archives de l'A.-O.F. 5G 62, pièces 1-5 dans Simon-Pierre Ekanza, *La CI par les textes. De l'aube de la colonisation à nos jours*, Abidjan, NEA, 1978, p. 59.
29. R. S. Roseberry, *Black Magic. The Challenge*, Chicago, World Wide Prayer and Missionary Union, 1935, p. 10.
30. Le vicaire apostolique indiquait le 1er octobre 1915 : « le chiffre des baptêmes d'adultes est monté de 77 à 231, et que nous avons enregistré cette année un total de 522 baptêmes au lieu de 110 inscrits en 1914 ».
31. Trichet, « Harris vu par les missionnaires », p. 19.
32. *Ibid.*, p. 28.

de catholiques après dix-huit années d'évangélisation et qu'il ne se faisait de conversion que parmi les jeunes élèves des Pères.

J. Able le reconnaît en ces termes :

> Après le passage du prophète Harris dans la région, des familles entières et des quartiers entiers brûlent leurs fétiches et se tournent vers l'Église catholique ou protestante. Les quartiers Koumassi de Moossou, de Bonoua et d'Ebra choisissent de se faire protestants. Des catéchistes Fanti s'installent. Les quartiers Bégnini avaient opté pour « la religion des Pères ». [...] Après le passage du prophète Harris, jeunes, adultes et vieux se précipitent aux portes des églises[33].

**Tableau 2. Statistiques de baptêmes dans certaines missions catholiques en 1915 et 1920**

|      | Grand-Bassam | Moossou | Bonoua |
| ---- | ------------ | ------- | ------ |
| 1915 | 64           | 23      | 21     |
| 1920 | 367          | 72      | 147    |

Source : Adapté de Jean-Albert ABLE, *Histoire et tradition politique du pays Abouré*, Abidjan, Imprimerie nationale, 1975, p. 146.

Les communautés méthodistes en place vont également bénéficier des fruits de l'évangélisation de William Wadé Harris. En effet, en 1914, on va assister à la création du circuit méthodiste de Grand-Bassam afin de mieux encadrer les fidèles d'origine étrangère auxquels sont venus s'ajouter les nombreux convertis de William Wadé Harris. En 1915, à la suite des conversions de Harris dans le district d'Axim (Gold Coast), le bureau méthodiste de Londres décide d'envoyer un missionnaire régulier à Grand-Bassam. Deux missionnaires anglais, H. G. Martin et E. C. Horler, s'y succèdent. Ils étaient assistés d'un pasteur africain, J. C. Koomson. Malheureusement, le circuit va connaître d'énormes difficultés avec l'administration coloniale.

En effet, en février 1915, le gouverneur Gabriel Louis Angoulvant (1872-1932) obligera la mission méthodiste à limiter ses actions à la seule ville de Grand-Bassam et à ne pas affecter de catéchiste dans un village sans l'approbation du gouvernement. Cette lettre adressée au pasteur Horler le 11 janvier 1917 est venue confirmer la décision prise par le gouverneur Angoulvant. Le contenu de cette lettre est rapporté ci-dessous :

---

33. J.-A. Able, *Histoire et tradition politique du pays Abouré*, Abidjan, Imprimerie nationale, 1975, p. 145.

> J'ai l'honneur de vous confirmer les termes de l'entretien que nous avons eu au cours de l'audience que je vous ai accordée ces jours derniers.
> Vous m'avez demandé l'autorisation de vous rendre dans les villages et d'y faire des sermons dans un but de prosélytisme protestant. Je vous ai répondu qu'il ne m'était pas possible, à mon regret, d'accueillir favorablement votre requête en raison surtout des circonstances présentes. Les nécessités de la défense nationale, vous ai-je dit, nous obligent à demander beaucoup aux indigènes de la Côte d'Ivoire dont les efforts sont et doivent rester exclusivement orientés et tendus vers les travaux utiles à la guerre dans laquelle nous sommes engagés en Europe.
> Nous demandons en ce moment à nos indigènes des grains et d'autres produits en grandes quantités, et, comme la main d'œuvre de ce pays est très limitée, il est essentiel que rien ne vienne les distraire de leurs travaux.
> Étant donnée la présence en Côte d'Ivoire des représentants de plusieurs religions, l'action simultanée des uns et des autres, hors des grands centres comme Bassam, serait vraisemblablement mal comprise dans les villages et amènerait entre leurs habitants des dissensions qu'il importe de prévenir.
> Tels sont les motifs qui ne m'ont pas permis de vous accorder l'autorisation que vous sollicitez.
> Recevez, Monsieur, l'assurance de ma considération distinguée.

Rapatrié sans résistance dans son pays natal, Harris va continuer à susciter les rumeurs les plus fantaisistes relevées ici par un contemporain :

> De vagues rumeurs se répandaient par moments ; quelquefois on affirmait qu'il était dans le (sic) Sierra Leone [...] ; d'aucuns disaient qu'il était mort, et son long silence semblait le confirmer. Mais, les années passant, il circula d'autres bruits assurant qu'il était encore vivant. Quelques Africains, dans des lieux éloignés, tels que Lagos et Freetown, prétendaient même avoir reçu des messages de lui[34].

En mai 1916, deux prélats irlandais (Murphy et Peter Harrington) s'entretiendront avec William Wadé Harris à Grand Cess, au Liberia[35]. Vers

---
34. Walker, *Harris le prophète noir*, p. 158-159.
35. Peter Harrington, « Une interview avec le prophète noir », *Écho des Missions Africaines*, juillet-août 1917, p. 155-161 et novembre-décembre 1917, p. 191-195.

1917, l'autorisation d'ouvrir des écoles étant refusée, la mission est rappelée et le temple laissé aux soins du pasteur africain Fanti.

D. Shank affirme que Harris s'est rendu « trois fois à pied (1917, 1919 et 1921) en Sierra Leone[36] » et qu'il « essaya au moins huit fois[37] » de retourner en Côte d'Ivoire, mais fut repoussé à chaque fois par les autorités coloniales qui vont contribuer à la révision de la convention de Saint-Germain-en-Laye en 1922.

### Une interview avec le prophète noir

C'est certainement un type magnifique de nègre, le plus beau que j'ai jamais eu l'occasion de contempler, âgé de 55-60 ans, haut d'environ 1,80 m, habillé d'une robe blanche flottante à peu près comme notre soutane, avec une grande croix pectorale en bois. Ses traits étaient vraiment expressifs, ses regards fiers, la barbe blanche, flottante, et portait un turban exactement comme un cheik Mahométan. Il ne portait ni souliers, ni ornement quelconque [...] parlait parfaitement l'anglais [...]. Je dois avouer que sa personnalité, sa physionomie, ses grands gestes me firent une impression favorable.

[...] On dit que ces petits prophètes sont aussi inspirés de sympathie pour l'Allemagne [...], et vous-même vous seriez un émissaire allemand comme vous êtes un prophète de Dieu. Et je les contredirai, fit-il avec éclat. Qu'est-ce que je sais sur les Allemands ? Quels rapports ont-ils avec moi ? Je suis un prophète de la nouvelle loi... Est-ce que les Noirs peuvent s'asseoir avec des Allemands et parler amicalement comme nous le faisons maintenant ?

[...] Jusque-là le mouvement purement religieux et moral n'excita nullement les soupçons du gouvernement colonial ; au contraire il sembla le bienvenu, car quel gouvernement de l'Ouest de l'Afrique n'accueillera favorablement tout mouvement tendant à détruire la puissance des féticheurs, cause de tant de crimes noirs et d'intrigues secrètes, mais un changement de tactique marqua la seconde phase de l'enthousiasme religieux. Des bruits sinistres répandirent que la puissance française allait périr ; que bientôt aucun blanc ne survivrait au massacre général, que les tribus auraient une fois de plus leur propre chemin, c'est-à-dire seraient libres de faire la guerre à chaque saison humide... Le gouvernement s'alarma de la tendance de la nouvelle doctrine. Plus d'un prédicateur venu de l'étranger fut

---

36. Shank, « Bref résumé de la pensée du prophète », p. 37.
37. *idem*

réduit au silence et jeté en prison. Y compris Harris qui fut expulsé du territoire[38].

Il reste enfin « les dissidents » qui vont fonder des communautés indépendantes soumises à une forte répression dès 1915 de la part des colons.

Il s'ensuivit dès 1915, une floraison de « petits prophètes » parmi les clerks venus du Libéria. Ces derniers entendaient se servir de l'organisation embryonnaire du prophète Harris pour attirer à eux la population. Ils exhortaient le peuple à prier Dieu pour la suppression de l'impôt et le départ du colonisateur.

René Bureau dénombre quatre prophètes libériens après Harris : Johnson et son fils Dô, Titiah et Yessou dit « Jésus-Christ ».

Au niveau local le prophète Harris a fait aussi des émules occasionnant une véritable métamorphose du paysage religieux avec l'émergence de plusieurs mouvements et Églises syncrétistes[39].

---

38. Père Harrington, « une interview avec le prophète noir », *Échos des Missions africaines* n°6 et 7, pp. 155-161 et 191-195.
39. Bertin-Charles Legbedji-Aka, *École Protestante et Société dans la Côte d'Ivoire coloniale*, p. 77, 78.

# 3

# La convention de Saint-Germain et ses conséquences

Les clauses du décret du 14 février 1922 et de l'arrêté général du 16 août 1923 vont introduire des restrictions très importantes à la convention de Saint-Germain. Il est donc important de connaître ce traité qui est régulièrement cité par la plupart des membres des sociétés missionnaires qui œuvrèrent dans les colonies françaises.

## La convention de Saint-Germain-en-Laye

La convention de Saint-Germain s'inscrit dans une très longue continuité de l'histoire des relations internationales. Son préambule indique qu'elle est avant tout une révision de l'Acte général de la conférence de Berlin du 26 février 1885 et de la Déclaration de Bruxelles du 2 juillet 1890. Il faudra avant tout considérer tour à tour ces deux textes fondamentaux. L'intérêt de la conférence internationale de Berlin (15 novembre 1884 - 26 février 1885) ne doit pas se limiter aux trois points principaux débattus officiellement.

Il est admis que les points officiellement débattus à Berlin étaient la liberté du commerce dans le bassin du Congo, la liberté de navigation sur le Congo et le Niger et la question de l'occupation effective des territoires. Les points importants de la Conférence de Berlin sont rapportés dans la citation ci-dessous :

> **Ouverture de la Conférence, 15 novembre 1884**
>
> Séance inaugurale présidée par le Chancelier Bismarck, [...] Il présente le programme de la Conférence : premièrement, assurer la liberté de commerce dans le bassin du Congo et ses embouchures ; deuxièmement, assurer la liberté de navigation sur les fleuves Congo et Niger ; troisièmement, préciser les conditions de prise de

possession de nouvelles terres. [...] Il donne la parole à Sir Edward Malet, qui affirme que les vues du gouvernement anglais s'accordent avec celles exprimées par Bismarck et remarque que les indigènes ne sont pas représentés au sein de la Conférence. Malet plaide pour la liberté totale du commerce dans la zone concernée et demande d'envisager l'extension de la liberté de commerce au Sénégal et au fleuve Zambèze. Les Portugais (présents au Mozambique) et les Français (présents au Sénégal) y sont hostiles[1].

**[L'avant dernière séance] 7 janvier 1885**

Présidence de l'Allemand Heinrich von Kusserow. Il propose d'aborder les règles d'occupation des côtes de l'Afrique. [...] Il s'agit de favoriser les occupations effectives et non nominales – la Grande-Bretagne, première visée, demande des règles d'occupation pour l'Afrique toute entière. [...] Le marquis de Penafiel demande l'interdiction de posséder des esclaves, demande refusée. Intervention du représentant ottoman : les décisions de la Conférence ne sauraient concerner les territoires au nord et à l'est de l'Afrique, donc pas l'Égypte. Tous les accords n'apparaissent pas dans le protocole officiel. Ni le partage secret du Golfe de Guinée entre tous les participants, ni l'attribution de la future Afrique de l'Ouest à l'Allemagne, ni celle du Cabinda, province du nord de l'Angola, au Portugal. L'article 35 de l'Acte final définit l'occupation effective. Cela déclenche une course généralisée aux frontières. [...]

**26 février 1885, séance de clôture**

Présidence de Bismarck. Le chancelier exprime ses regrets de n'avoir pu beaucoup participer aux débats. Il prend acte de l'adhésion de l'Association internationale du Congo aux résolutions de la Conférence. Il fait la synthèse des accords obtenus et exprime ses remerciements au nom de l'Empereur. Séance de signature des trente-huit articles de l'Acte sur le Congo[2].

---

1. Christine de Gemeaux, « La Conférence de Berlin, 1885 », disponible sur https://www.herodote.net/Textes/berlin-1885.pdf, consulté le 8 novembre 2023, p. 6.
2. *Ibid.*, p. 7-8.

Pour Marc Boegner[3], « l'Acte général de Berlin est bien le premier instrument diplomatique de reconnaissance des missions[4] », comme l'indique cet extrait :

**Chapitre Premier**

Art. 6 **Dispositions relatives à la protection des indigènes, des missionnaires et des voyageurs, ainsi qu'à la liberté religieuse.**

Toutes les puissances exerçant des droits de souveraineté ou une influence dans lesdits territoires, s'engagent à veiller à la conservation des populations indigènes et à l'amélioration de leurs conditions morales et matérielles d'existence et à concourir à la suppression de l'esclavage et surtout de la traite des Noirs ; elles protégeront et favoriseront, sans distinction de nationalités ni de cultes, toutes les initiatives et entreprises religieuses, scientifiques ou charitables créées et organisées à ces fins ou tendant à instruire les indigènes et à leur faire comprendre et apprécier les avantages de la civilisation. Les missionnaires chrétiens, les savants, les explorateurs, leurs escortes, avoirs et collections seront également l'objet d'une protection spéciale. La liberté de conscience et la tolérance religieuse sont expressément garanties aux indigènes comme aux nationaux et aux étrangers. Le libre et public exercice de tous les cultes, le droit d'édifier des édifices religieux et d'organiser des missions appartenant à tous les cultes ne seront soumis à aucune restrictions ni entrave[5].

---

3. « Pasteur au charisme exceptionnel, Marc Boegner (1881-1970) est une des grandes figures du protestantisme français contemporain. Fédérateur de ses diverses sensibilités, il y assume très tôt des charges importantes. Pendant la guerre de 1940-1945, au nom de la Fédération Protestante de France, il a lutté contre les mesures discriminatoires frappant en particulier les Juifs. Et il a porté sa vie durant une "exigence œcuménique" qui fait de lui un véritable pionnier du rapprochement entre les Églises chrétiennes. » Musée protestant, « Marc Boegner (1881-1970) », https://museeprotestant.org/notice/marc-boegner-1881-1970/, consulté le 8 novembre 2023.
4. Marc Boegner, *Les missions protestantes et le droit international*, Paris, Hachette, 1929, p. 65. Il est cité également par Jean-François Zorn, *Le grand siècle d'une Mission protestante. La Mission de Paris de 1822 à 1914*, Paris, Karthala/les Bergers et les Mages, 1993, p. 18.
5. Cité par Ibrahima Baba Kake, *L'Afrique coloniale. De la conférence de Berlin (1885) aux indépendances*, Histoire Générale de l'Afrique, vol. VIII, Paris, A.B.C., p. 105-122.

Marc Boegner nous apprend également qu'un échange de déclarations a été fait à Londres le 5 août 1890 entre la France et l'Angleterre :

> Dans les territoires dont il s'agit, dit l'une, dans l'île de Madagascar, dit l'autre, les missionnaires des deux pays jouiront d'une complète protection. La tolérance religieuse, la liberté pour tous les cultes et pour l'enseignement religieux sont garantis[6].

L'Acte de Bruxelles du 2 juillet 1890 invitait, quant à lui, les grandes puissances européennes ayant des intérêts en Afrique Noire « à organiser progressivement les services administratifs, judiciaires, religieux et militaires[7] » en vue de lutter contre la traite négrière.

Nous sommes dans la fièvre de l'impérialisme et de la ruée des Européens vers l'Afrique : plusieurs missions chrétiennes européennes vont chercher à s'installer en Afrique et établir des rapports ambigus avec les autorités coloniales à travers le « piège » de la philanthropie. Sur le plan économique, les métropoles vont pratiquer le système de l'exclusif ou « pacte colonial ».

**Acte général de Bruxelles, 2 juillet 1890 : Préambule**
Au nom de dieu tout-puissant,
Sa Majesté l'Empereur d'Allemagne, Roi de Prusse, au nom de l'Empire allemand ;
Sa Majesté l'Empereur d'Autriche, Roi de Bohême, etc., et Roi apostolique de Hongrie ;
Sa Majesté le Roi des Belges ;
Sa Majesté le Roi de Danemark ;
Sa Majesté le Roi d'Espagne, et en son nom Sa Majesté la Reine régente du Royaume ;
Sa Majesté le Roi-Souverain de l'État indépendant du Congo ;
Le Président des États-Unis d'Amérique ;
Le Président de la République française ;
Sa Majesté la Reine du Royaume-Uni de la Grande-Bretagne et d'Irlande, Impératrice des Indes ;
Sa Majesté le Roi d'Italie ;
Sa Majesté le Roi des Pays-Bas, Grand-Duc de Luxembourg, etc. ;
Sa Majesté le Shah de Perse ;
Sa Majesté le Roi de Portugal et des Algarves, etc. ;
Sa Majesté l'Empereur de toutes les Russies ;

---

6. Boegner, *Les missions protestantes et le droit international*, p. 67.
7. Jean Dumont, *L'histoire générale de l'Afrique*, tome IV, Paris, éditions F. Beaural, 1972, p. 207.

Sa Majesté le Roi de Suède et de Norvège, etc., etc. ;
Sa Majesté l'Empereur des Ottomans et
Sa Hautesse le Sultan de Zanzibar ;
Également animés de la ferme volonté de mettre un terme aux crimes et aux dévastations qu'engendre la traite des esclaves africains, de protéger efficacement les populations aborigènes de l'Afrique et d'assurer à ce vaste continent les bienfaits de la paix et de la civilisation ;
Voulant donner une sanction nouvelle aux décisions déjà prises dans le même sens et à diverses époques par les Puissances, compléter les résultats qu'elles ont obtenus et arrêter un ensemble de mesures qui garantissent l'accomplissement de l'œuvre qui fait l'objet de leur commune sollicitude ;
Ont résolu, sur l'invitation qui leur a été adressée par le Gouvernement de Sa Majesté le Roi des Belges, d'accord avec le Gouvernement de Sa Majesté la Reine du Royaume-Uni de la Grande-Bretagne et d'Irlande, Impératrice des Indes, de réunir à cet effet une Conférence à Bruxelles. [...][8]

Sur le plan religieux, l'œuvre « civilisatrice » ne se fera pas avec des missions étrangères à la métropole comme semble vouloir le suggérer globalement l'article 6 de l'Acte de Berlin. Il n'était donc pas rare de constater que « les missionnaires étaient souvent de la même nationalité que les agents de l'ordre colonial[9] ».

Le traité de Saint-Germain-en-Laye est une convention signée entre la France, les États-Unis, la Belgique, la Grande-Bretagne, l'Italie, le Japon et le Portugal. Ce traité a été signé le 10 septembre 1919 dans le cadre du règlement de la Première Guerre mondiale en marge des accords de paix entre les puissances alliées et l'Autriche[10].

Il convient de noter que le traité de Saint-Germain-en-Laye apparaît à une époque particulière de l'histoire des missions, à un moment où les missions protestantes d'Amérique du Nord étaient en pleine expansion.

---

8. « Document 1 : Acte général de Bruxelles, 2 juillet 1890 », *Studia Diplomatica*, vol. 45, no. 1/3, 1992, pp. 191-195. *JSTOR*, http://www.jstor.org/stable/44836467, consulté le 13 novembre 2023.
9. Joseph Ki-Zerbo, *Histoire de l'Afrique. D'Hier à Demain*, Paris, Hatier, 1978, p. 439.
10. Plusieurs traités de paix ont été signés en dehors du traité de Versailles du 28 juin 1919 qui est en la matière beaucoup plus connu car il constitue le traité principal signé avec l'Allemagne.

**Préambule du traité de Saint-Germain-en-Laye[11]**

Considérant que l'Acte Général de la Conférence Africaine, signé à Berlin le 26 février 1885, a eu pour objet essentiel de constater l'accord des Puissances relativement aux principes généraux devant guider leur action commerciale et civilisatrice dans les régions, mal connues et insuffisamment organisées, d'un continent où sévissaient encore l'esclavage et la traite ;
Considérant que le régime de la franchise d'entrée, instauré pour vingt ans par l'article 4 dudit acte, a dû être modifié pour une période provisoire de quinze ans par la Déclaration de Bruxelles du 2 juillet 1890, et que, depuis lors, aucun accord n'est intervenu, malgré les dispositions desdits Actes ;
Considérant que les territoires intéressés sont actuellement placés sous des autorités reconnues, qu'ils sont dotés d'institutions administratives conformes aux conditions locales et que l'évolution des populations indigènes s'y poursuit progressivement ;
Désireux d'assurer par des dispositions appropriées aux exigences modernes l'application des principes généraux de civilisation consacrés par les Actes de Berlin et de Bruxelles ont désigné pour leurs Plénipotentiaires (suivent les noms des différents pays et de leurs plénipotentiaires), lesquels, après avoir échangé leurs pleins pouvoirs, reconnus en bonne et due forme, ont convenu des dispositions suivantes : [...]

Edith Roseberry attribue la paternité du protocole de Saint-Germain au président des États-Unis, Wilson Thomas Woodrow (1856-1924) :

À la fin de la première guerre mondiale en 1918, au moment de la signature des traités de paix, le Président Wilson s'est souvenu des missions protestantes. C'est alors que le traité de Saint-Germain est entré en vigueur, ouvrant les territoires français à la prédication de l'Évangile[12].

Le traité de Saint-Germain-en-Laye comportait trois clauses principales concernant les missions :

La disposition essentielle est de favoriser sans distinction de nationalité, ni de culte, les institutions et les entreprises

---
11. *Revue juridique et politique* (Paris), uri$^{Th}$ year, no. 2, avril-juin 1965, p. 299.
12. Edith M. Roseberry, *Kansas Prairies to African Forest. The Pioneer Spirit*, s.l., 1957, p. 38-39.

religieuses, scientifiques et charitables créées et organisées par les ressortissants des autres puissances signataires et des états membres de la Société des Nations qui adhéreront à la convention et qui tendront à conduire les indigènes dans la voie du progrès et de la civilisation.

La liberté de conscience et le libre exercice de tous les cultes sont expressément garantis à tous les ressortissants des Puissances signataires et à ceux des États membres de la S.D.N. qui deviendront parties à cette convention. Dans cet esprit, les missionnaires auront le droit d'entrer, de circuler et de résider dans les territoires africains avec la faculté de s'y établir pour poursuivre leur œuvre religieuse. L'application des dispositions prévues aux deux alinéas précédents ne comportera pas d'autres restrictions que celles qui seront nécessaires au maintien de la sécurité et de l'ordre public, ou qui résulteront de l'application du droit constitutionnel de chacune des puissances exerçant l'autorité dans les territoires africains[13].

Le point de vue des missions catholiques françaises sur cette convention est très négatif. J.-R. de Benoist trouve même que « ce texte laisse encore la place à l'arbitraire[14] ». Il n'oublie pas de souligner que le traité a accordé des facilités notamment aux missionnaires étrangers appartenant à des organismes divers. Pour ces missionnaires étrangers au système français, le traité de Saint-Germain-en-Laye inaugurait un régime de liberté même si, en réalité, ce n'était qu'une liberté protégée. Il y a eu cependant des missionnaires étrangers dans les colonies françaises avant et, comme le dit si bien le gouverneur général Jules Brevie (1880-1964), les administrateurs se sont « fait un devoir de les accueillir [...] et de laisser libre cours à leurs entreprises confessionnelles[15] ».

Les missions protestantes qui étaient surtout anglo-saxonnes avaient eu une plus grande liberté de s'établir dans les colonies françaises dès la signature de la convention. Le traité de Saint-Germain va obliger les gouverneurs à admettre les missions religieuses dans les colonies. Comme nous l'avons constaté dans la deuxième clause, les missionnaires, quelle que soit leur nationalité, avaient le droit d'entrer, de circuler et de résider dans les territoires africains avec la faculté de s'y établir pour poursuivre leur œuvre religieuse. Mais le traité de

---

13. Joseph-Roger De Benoist, *Église et Pouvoir colonial au Soudan français. Administrateurs et missionnaires dans la boucle du Niger (1885-1945)*, Paris, Karthala, 1987, p. 275, 276.
14. *Ibid.*, p. 276.
15. Archives de l'A.-O.F., 7G 46 (108), « Circulaire du Gouverneur général du 6 février 1933 sur les missions chrétiennes et la société indigène », p. 12.

Saint-Germain « a institué un régime de liberté protégée en faveur des missions religieuses qui désiraient évangéliser les populations des colonies africaines[16] ».

Agissant en droite ligne de leur législation qui était « basée sur le principe de la laïcité[17] », les autorités françaises voulaient réglementer l'exercice des cultes en Afrique-Occidentale française (A.-O.F.), avoir un droit de regard sur les missions religieuses et canaliser le prosélytisme protestant dont les principaux agents appartenaient à des missions étrangères à la France. La vie religieuse des colonies d'A.-O.F sera marquée par le décret du 14 février 1922.

C'est ici le lieu de signaler que la Wesleyan Methodist Mission Society (WMMS) avait entrepris des démarches avec la Société des Missions Évangéliques de Paris (SMEP) en janvier 1920 à travers une lettre circulaire suivie d'une autre datée du 29 mai 1920 venant du pasteur William J. Platt. Elle souhaitait avoir en son sein des missionnaires français.

C'était la meilleure solution pour résoudre la méfiance de l'administration coloniale française. De cette façon, on peut mieux comprendre comment, dans la pratique, le lien s'établit entre la mission et la colonisation. L'activité des missions était suivie de près et la correspondance des missionnaires, surveillée et lue avec soin. Comment entrer en conflit direct avec l'administration et dénoncer les nombreux abus si l'origine du missionnaire pouvait être à la base de suspicions ?

Cela explique clairement la décision prise plus tard par les responsables de cette autre mission :

> Il est de la plus haute importance que tous les travailleurs missionnaires évitent de faire aucun commentaire défavorable à l'égard de l'Administration, ou aucune comparaison défavorable avec notre propre pays, spécialement devant des indigènes. Nous devons consciencieusement nous abstenir de quoi que ce soit qui puisse rendre la tâche de l'administration plus difficile, ou l'amener à nous regarder avec suspicion ou défiance. Les missionnaires sont mis en garde contre le danger qui consisterait à prendre parti dans les querelles indigènes portées devant l'Administration ou de se mêler de quelque manière que ce soit des questions relevant de l'administration[18].

Les relations vont être entretenues entre la WMMS avec la SMEP jusqu'en 1922, date à laquelle on commence à parler des candidats offerts par la SMEP

---

16. Extrait de l'exposé des motifs du décret du 14 février 1922.
17. De Benoist, *Église et Pouvoir colonial au Soudan français*, p. 276.
18. *Field Manuel of CMA*, édition de 1936, p. 11.

à la WMMS : les missionnaires français Antoine Lethel (1897-1974) et Alfred Westphal (1896-1974). Pour cela, la SMEP va favoriser la création d'un comité auxiliaire de la WMMS à Paris avec une composition tripartite : deux membres de la direction de la SMEP, deux pasteurs réformés et quatre représentants de l'Église évangélique méthodiste de France (deux pasteurs et deux laïcs). Ce comité français avait pour rôle le recrutement, la formation et l'envoi de missionnaires pour l'A.-O.F.

## Le décret du 14 février 1922

Le processus d'élaboration de ce décret a été déclenché par l'enquête[19] du lieutenant Maurice Léon Bourgine (1879-1963)[20] en Côte d'Ivoire sur la situation religieuse dans la région d'Abidjan-Dabou. Dans ce rapport d'inspection administrative, il remarque que les missions catholiques manquent du prestige que les indigènes s'attendent à trouver chez les représentants de la religion des Français, notant ainsi « la modestie de la tenue des missionnaires et la modération de leur propagande, qui compromettent le respect que l'indigène adresse à l'Européen[21] » :

> Ils paraissaient manquer de ressources et ceux d'entre eux qui sont en dehors des gros centres vivent petitement, souvent moins bien que les indigènes qu'ils ont l'intention d'instruire.
>
> Les églises sont des bâtiments très modestes, construits et réparés par des ouvriers d'occasion avec des matériaux de fortune, et les cérémonies qui s'y déroulent manquent de cette pompe que l'Église a instituée pour éblouir et frapper les esprits.

**Le décret du 14 février 1922 : exposé des motifs**
*Rapport au Président de la République française*
*Paris, le 14 février 1922.*
*Monsieur le Président,*

*Le protocole de Saint-Germain, en date du 10 septembre 1919, portant révision de l'acte général de Berlin du 26 février 1885 et*

---

19. Rapport du 28 mai 1920. Archives nationales de Côte d'Ivoire 3EE 7 (4).
20. En 1899, il entre à l'École coloniale de Paris. Il est condisciple de Joost van Vollenhoven (1877-1918). Bourgine entre ensuite dans le service colonial en Afrique-Occidentale Française. Il sert à partir de 1903 au Sénégal, de 1911 en Guinée et de 1914 au Dahomey. En 1916, il est transféré en Côte-d'Ivoire où, de 1927 à 1928, il succède à Maurice Lapalud (1868-1935) prenant le poste de gouverneur par intérim.
21. Archives nationales de Côte d'Ivoire, 3 E I, VI 29/54, 1921.

*de l'acte général et de la déclaration de Bruxelles du 2 juillet 1890, a institué un régime de liberté protégée en faveur des missions religieuses étrangères qui désiraient évangéliser les populations des Colonies africaines.*

*Les puissances signataires se sont engagées par cet acte à protéger et à favoriser « sans distinction de nationalité ni de culte, les institutions et les entreprises religieuses, scientifiques ou charitables créées et organisées par les ressortissants des autres puissances signataires ».*

*L'article 11, in fine, de ladite convention complète ces prescriptions en déclarant que : « L'application des dispositions prévues aux deux alinéas précédents ne comportera pas d'autres restrictions que celles qui seront nécessaires au maintien de la sécurité, l'ordre public, ou qui résulteront du droit constitutionnel de chacune des puissances exerçant l'autorité dans les territoires africains ».*

*Le projet de décret ci-après que m'a soumis M. le Gouverneur général de l'Afrique-Occidentale française a pour but d'établir dans cette Colonie un régime légal de contrôle, tant de l'exercice des cultes que de l'enseignement privé donné par les associations religieuses, aussi bien françaises qu'étrangères. Ne faisant entre ces dernière aucune distinction de nationalité, le texte en question répond bien aux préoccupations qui ont présidé à l'élaboration du protocole susvisé et se borne à préciser les mesures de police intérieure que tout État demeure en droit de prendre dans ses propres territoires africains. Se référant en cela aux dispositions des articles 24 et 26 de l'ordonnance organique du 7 septembre 1840, combinées avec celles du décret du 29 mars 1880, relatif aux associations ou congrégations non autorisées, rendu applicable aux Colonies par le décret du 3 avril suivant, il reste entièrement dans l'esprit des principes mis jusqu'à ce jour en application dans notre possession.*

*Il ne soulève, par suite, aucune objection de ma part.*

*Au cas où vous partageriez sur ce point ma manière de voir, j'ai l'honneur de vous prier de vouloir bien revêtir de votre signature le présent projet.*

*Veuillez agréer, Monsieur le Président, l'hommage de mon profond respect.*

Le Ministre du Commerce et de l'Industrie, chargé
de l'intérim du Ministère des Colonies
Lucien Dior

Certaines de ses conclusions ont été reprises par le gouverneur Raphaël Antonetti (1872-1938) :

> Une poussée particulièrement forte s'exerce sur les populations depuis 1918 par l'intermédiaire des prophètes libériens et des pasteurs sierra léonais des églises baptistes et wesleyennes. Cette propagande n'est pas seulement religieuse. Elle procure à ses auteurs des sommes relativement élevées et elle tend à introduire chez nos administrés la langue, les mœurs et les habitudes de nos voisins[22].

Les « voisins » dont il est question encore une fois sont les Anglais. On pourrait noter ici que la question de langue cachait bien d'autres aspects politique et religieux.

Le décret du 14 février 1922 comporte deux titres et quatorze articles au total. Le premier titre porte sur la réglementation de l'enseignement privé tandis que le second concerne les établissements confessionnels. Les articles 6, 7 et 8 du Titre II se rapportant aux établissements confessionnels constituent les restrictions imposées aux mesures de liberté protégée préconisée par le traité de Saint-Germain :

> Art. 6. - Aucune congrégation ou association religieuse, aucune église, chapelles, oratoire, aucun établissement destiné à un culte public ne pourra s'établir sans autorisation administrative. Aucune réunion cultuelle ne pourra être tenue en dehors des établissements autorisés.
>
> Art. 7. – La langue française ou latine et les idiomes indigènes parlés dans la colonie sont les seuls autorisés dans l'exercice du culte.
>
> Art. 8. - Aucune tournée de propagande comportant des appels d'argent aux fidèles, ne peut être entreprise que sur autorisation administrative personnelle et dans les parties de la colonie désignées par arrêtés du Lieutenant-Gouverneur.

Il imposait comme langue liturgique le latin, le français ou, à la rigueur, une langue parlée par les populations originaires de la colonie. Il était exclu d'utiliser l'anglais pendant les cultes. Comment pouvait-on règlementer l'utilisation des langues africaines quand on sait qu'en réalité, les populations de la colonie étaient

---

22. Archives nationales de Côte d'Ivoire, 3EE 7 (2), « Lettre du lieutenant-gouverneur Antonetti au gouverneur général de l'A.-O.F. du 4 novembre 1920 ».

apparentées à ceux de la colonie voisine ? C'est un autre aspect de l'arbitraire colonial qui sera repris par l'arrêté du 16 août 1923.

Les mesures envisagées par le décret de 1922 vont justifier le refus de missionnaires noirs américains en A.-O.F. En effet, une correspondance de Fennell Parrish Turner (1867-1932), secrétaire de la Foreign Missions Conference of North America, fut adressée le 6 juin 1922 au pasteur Daniel Couve (1874-1954), directeur de la SMEP[23]. Elle soulignait avant tout « l'expertise, la sagesse et la connaissance parfaite de l'œuvre missionnaire dans les territoires francophones d'Afrique » de la SMEP.

Elle expose ensuite l'une des grandes préoccupations des sociétés missionnaires aux États-Unis, à savoir l'envoi en territoire francophone de missionnaires noirs nés et formés aux États-Unis. Fennell Parrish Turner voulait savoir ce qu'en pensait la direction de la SMEP avant de poursuivre les démarches.

La Mission de Paris (autre nom de la SMEP) ne sera pas favorable à un tel projet à cause de l'opposition systématique des catholiques aux missions protestantes en général et en particulier aux missions étrangères :

> L'envoi en Afrique francophone de Noirs Américains augmenterait certainement les difficultés actuelles. Pendant que les missionnaires étrangers étaient de façon stupide accusés d'être des agents secrets de leurs gouvernements, les missionnaires de couleur venant des États-Unis seraient certainement vus comme de dangereux agents des mouvements indépendantistes au milieu de leurs frères africains[24].

Le directeur de la SMEP, dans sa réponse, pense qu'il faut tenir compte de la peur « stupide » chez les catholiques du sens protestant de l'indépendance. Il faut aussi considérer l'attitude des administrateurs coloniaux comme le gouverneur général Victor Augagneur (1885-1931)[25] qui, selon les termes du directeur de la SMEP, a affirmé : « Nous n'aimons pas les protestants parce qu'ils donnent de la dignité à l'Homme. »

---

23. Fennell P. Turner, Lettre au pasteur Couve du 6 juin 1922, Paris, Archives du DEFAP, A.-O.F. I (1888-1929).
24. Elie Allegret, Lettre à Fennell P. Turner du 20 juin 1922, Paris, Archives du DEFAP, A.-O.F. I (1888-1929).
25. « Il fut gouverneur général des colonies à Madagascar en 1905. Il y décréta l'enseignement obligatoire, supprima les corvées et apprit aux Européens à respecter les croyances indigènes. Mais il se heurta à l'activité des missions religieuses étrangères qui, au nom de la liberté s'efforçaient en réalité de combattre l'influence française. Une surveillance attentive des écoles confessionnelles devenait nécessairement le corollaire d'une politique d'inspiration libérale. » Jean Murard, « Augagneur Victor », *Hommes et Destins*, Tome III, Paris, Académie des Sciences d'outre-mer, p. 35-39.

## L'arrêté général du 16 août 1923

L'arrêté général du 16 août 1923 du lieutenant-gouverneur de la Côte d'Ivoire va entériner le décret du 14 février 1922 et le rendre applicable dans la colonie[26]. La communauté méthodiste de Côte d'Ivoire va recevoir le premier choc : les lieux de cultes dont le plus important était celui de Grand-Bassam furent fermés car ils n'avaient pas respecté les termes de l'arrêté de 1923. On y utilisait l'anglais et le fanti. Cette dernière langue, bien qu'africaine et faisant partie du grand groupe akan, n'a pas été reconnue comme celle des habitants de la colonie mais celle de peuples de la colonie voisine (la Côte d'or). On distingue déjà à ce niveau, les effets de la balkanisation opérée par le système colonial dont on ressent jusqu'à maintenant les effets. Sans négliger cet aspect politique de la question, on peut réfléchir sur les autres caractéristiques des premières communautés méthodistes qui ont été ainsi définies sociologiquement[27] :

> Ces premières communautés méthodistes sont des Églises ethniques, présentant divers schèmes de comportement observables à deux niveaux. D'abord, au plan du comportement culturel, les fidèles parlent leur langue d'origine, pratiquent des traditions ethniques, font partie de réseaux ethniques personnels (il s'agit en grande partie des membres de la même famille ou des amis qui ont décidé de s'expatrier), proviennent des institutions ethniques, telles les églises méthodistes du Ghana, de la Sierra Leone et l'Église méthodiste épiscopale du Liberia, et participent à des fonctions parrainées par des parents ou des amis de la même ethnie qu'eux[28].

À la faveur de la mise en vigueur de l'arrêté du 16 août 1923, la question de la croissance de cette petite communauté protestante peut être posée ainsi que celle de son impact réel :

> [...] Au plan de leur croissance, elles n'ont pas évolué. En effet, tiraillés entre le désir d'être acceptés au sein de la société d'accueil et de s'y intégrer, et la crainte de l'assimilation et de la perte de leur identité ethnique, les premiers chrétiens méthodistes allogènes en Côte d'Ivoire n'ont pu fournir d'effort en matière d'évangélisation

---

26. Archives de l'A.-O.F., 2G 31-11 C.I., « rapport politique annuel 1931 ».
27. Pohor, « L'Église Protestante Méthodiste Unie de Côte d'Ivoire », p. 26.
28. Wsevolod W. Isajiw, « Ethnic Identity, Retention and Socialization », document présenté à la réunion annuelle de *American Sociological Association*, Toronto, 1981, pp. 2-3, cité par Henry P. H. Chow, « Le défi de la diversité : maintenir l'identité ethnique et préserver la langue d'origine au sein de la mosaïque canadienne », dans *The Challenge of Diversity*, disponible sur http://canada.metropolis.net/events/ethnocultural/publications/chall_diver_f.pdf, consulté le 22 juin 2007.

envers les autochtones et ont eu très peu d'influence sur l'État colonial[29].

Le rapport du circuit de Grand-Bassam en 1923 insiste sur « la diminution des souscriptions des membres due à la fermeture du temple et au découragement qui s'en est suivi, dans cette ville comme dans d'autres annexes[30] ».

En septembre 1923, Le pasteur William John Platt, directeur de la mission du Dahomey-Togo, va rencontrer le lieutenant-gouverneur Antonetti qui accepte de rouvrir le temple de Grand-Bassam tout en tolérant momentanément l'usage du Fanti au cours des cultes. C'est ainsi que le pasteur Platt, installé à Porto-Novo (Dahomey, actuel Bénin) depuis 1916, aura l'occasion de recevoir « des échos directs et poignants de l'œuvre prodigieuse d'Harris[31] ». Mais, c'est sa deuxième visite en Côte d'Ivoire en sa qualité de président du synode du district de l'A.-O.F. qui sera décisive pour la WMMS.

A. Roux donne quelques détails sur l'accueil réservé au missionnaire :

> Revenu un peu plus tard pour une visite prolongée, il reçoit un accueil extraordinaire. Partout des arcs de triomphe de palmes et de fleurs sont dressés à l'entrée des villages, et les routes, les pistes couvertes de foules qui veulent voir le Blanc de la Bible, et s'efforcent de l'entraîner dans chacun de leurs villages[32].

Ce voyage, ayant permis au directeur de la mission du Dahomey-Togo d'apprécier dix ans après à sa juste valeur l'œuvre accomplie par Harris, va encourager la WMMS à concevoir un vrai projet missionnaire pour la Côte d'Ivoire. Le premier acte de ce projet fut le rattachement de la Côte d'Ivoire au district méthodiste d'A.-O.F. D'autres actes suivront après 1923.

Ce premier protestantisme en Côte d'Ivoire que nous venons de décrire est essentiellement africain. Parmi les nombreux pionniers, la part belle a été faite à Mark C. Hayford, venu de la Gold Coast et surtout à William Wadé Harris, originaire du Libéria. La contribution des Européens et des Américains à son expansion fut très faible pendant cette période, avec plusieurs tentatives d'endiguement par les autorités coloniales avec le catholicisme romain, et à travers un arsenal juridique de plus en plus contraignant. Face à la situation de plus en plus urgente en Côte d'Ivoire, se sentant incapable toute seule d'accomplir la lourde tâche qui lui incombait, la WMMS mutera ses premiers missionnaires en Côte d'Ivoire dès 1924, début d'une nouvelle ère du protestantisme en Côte d'Ivoire.

---

29. Pohor, « L'Église Protestante Méthodiste Unie de Côte d'Ivoire », p. 26.
30. Archives de l'A.-O.F., 17G 115 (17), « Annuaire de la mission protestante de l'A.-O.F. 1924 ».
31. E. De Billy, *En Côte d'Ivoire. Mission protestante d'A.-O.F.*, Paris, SMEP, 1931, p. XII.
32. A. Roux, *L'Évangile dans la forêt*, Paris, Cerf, 1971, p. 48.

# Deuxième partie

# L'unité des sociétés missionnaires protestantes en Côte d'Ivoire

# 4

# L'installation des premières sociétés missionnaires protestantes

Si la Christian and Missionnary Alliance (CMA) et la Worldwide Evangelization Crusade (WEC) choisissent de s'installer au Centre du pays en 1930 et en 1935, c'est parce que la Mission Biblique en Côte d'Ivoire (MBCI) a occupé le Sud-Ouest et la Wesleyan Methodist Mission Society (WMMS) le Sud-Est de la Côte d'Ivoire. Dans ce chapitre, nous allons retracer l'installation des premières sociétés missionnaires protestantes en Côte d'Ivoire.

## Au Sud-Est, la Wesleyan Methodist Mission Society

Il faut remonter jusqu'à John Wesley au XVIIIe siècle pour retrouver les origines de cette société de mission. John Wesley, né le 17 juin 1703 de parents chrétiens, a fait des études de littérature et de théologie à Oxford. En 1735, il fut ordonné prêtre anglican ainsi que son cadet Charles Wesley. Le 14 octobre 1735, les deux frères avec deux amis quittèrent l'Angleterre dans le but d'aller évangéliser les Indiens de Géorgie (États-Unis). Ce fut un échec, car ils n'eurent de contacts qu'avec les immigrants. Par contre, leur rencontre avec des Moraves[1] va contribuer à leur évolution spirituelle : le 1er janvier 1739, John Wesley, son ami George Whitefield (1714-1770) et trois autres membres de leur « holy club » connurent dans un groupe morave de Londres une expérience qu'ils

---

1. Les Frères moraves, mouvement religieux chrétien né au XVe siècle, en Bohême, parmi les hussites. (Les frères moraves, dispersés après la défaite de la Montagne Blanche [1620], forment en Allemagne, en Angleterre, aux États-Unis, en Amérique du Sud et en Bohême des groupes missionnaires importants.)

désignèrent sous le vocable de « vraie Pentecôte ». Ce fut le point de départ d'un puissant réveil.

Les chaires des églises officielles leur étant refusées, Whitefield eut l'idée de prêcher en plein air à des mineurs le 17 février 1739. John Wesley, après hésitation, se décidera à le relayer dès le 2 avril 1739. En 1739, Wesley devenu « apôtre des foules » animera 500 rencontres suivis de nombreuses conversions. En 1740, il rompt avec les Moraves et Whitefield pour des raisons théologiques liées à la prédestination[2]. Il effectua de nombreux voyages à travers l'Angleterre, le Pays de Galles, l'Écosse, l'Irlande... En 1791 (année de la mort de Wesley), le nombre de circuits passa à 200 et le nombre de fidèles à 100 000 à qui il communiqua le zèle missionnaire. L'année 1813 est l'année de la naissance officielle de la Wesleyan Methodist Missionary Society de Londres. Elle a été fondée par les églises anglaises nées du grand réveil conduit par John Wesley.

En mai 1924, les missionnaires Antoine Lethel et Paul Wood-Laine sont mutés en Côte d'Ivoire. Le pasteur Paul Wood-Laine va s'installer à Dabou après la signature de l'appel du 16 août 1924.

C'est une lettre cosignée le 16 août 1924 à Grand-Bassam par William Platt, Antoine Lethel et Paul Wood-Laine[3] au nom de trente mille protestants de la Côte d'Ivoire et adressée aux pasteurs et étudiants de France. C'est à la fois un appel et un avertissement au protestantisme français tout entier. Elle présente le recensement effectué par deux missionnaires et 25 agents (11 du pays et 14 du Dahomey) :

Tableau 3. Les communautés nées par la prédication du Prophète Harris au Sud-Est de la Côte d'Ivoire

| Secteurs | Nombre de communautés | Nombre de protestants inscrits |
|---|---|---|
| Lahou | 30 | 4 000 |
| Dabou | 50 | 16 000 |
| Abidjan | 50 | 8 000 |
| Bassam-Assinie | 20 | - |

Source : Adapté de *Journal des Missions Évangéliques*, octobre 1924, p. 244-247.

---

2. Wesley était arminien tandis que Whitefield était un calviniste rigide. L'arminianisme atténuait la doctrine de Calvin sur la prédestination et fut combattu par les rigoristes gomaristes. Il fut condamné, ainsi que ses principaux chefs (dont Oldenbarnevelt et Grotius), par le synode de Dordrecht (1618-1619).

3. William J. Platt, Antoine Lethel, Paul Wood-Laine, « Appel aux pasteurs et étudiants de France », Grand-Bassam, le 16 août 1924, dans *Journal des Missions Évangéliques*, octobre 1924, p. 244-247.

Le nombre total de personnes ayant rallié l'Église méthodiste en 1924 peut osciller entre 25 000 et 30 000 membres. Ce chiffre permettait à l'Église méthodiste de Côte d'Ivoire de dépasser en nombre les autres communautés méthodistes de l'A.-O.F, bien que celles-ci aient connu une présence missionnaire plus ancienne. En plus de cette ruée vers le méthodisme, c'est la contribution financière des fidèles qui va susciter des réactions diverses en cette année 1924 à Dabou :

> Depuis quelques jours, un pasteur protestant, M. Wood, est venu s'installer avec sa femme et sa fille. Son unique but, on dirait, est de ramasser de l'argent. D'abord, ce sont des enveloppes où tout le monde est prié de mettre une offrande. La vie et la prospérité seront en proportion de l'offrande donnée. Puis on y substitue la vente aux enchères des produits du pays, faite dans les temples[4].

**Tableau 4. Les renforts missionnaires méthodistes en Côte d'Ivoire de 1925 à 1930**

| Année | Renforts missionnaires |
|---|---|
| 1925 | Edmond De Billy, Théophilus Aquiah, Ezékiel E. Jiminiga, Samuel L. G. Lawson. |
| 1926 | Robert Howett (surintendant général et président du Synode, résidant à Abidjan). |
| 1926 à 1930 | Willis A. Fletcher, Edmond K. Gaba, Fernand Rodet, Benjamin Deschamps, Thomas K. Grant, Jean-Baptiste Guillou plus cinq autres catéchistes dahoméens et togolais. |

Source : Informations mises en forme d'après les données de Rubin Pohor, « L'Église Protestante Méthodiste Unie de Côte d'Ivoire. Une approche sociohistorique (1870-1964) », dans *Études théologiques et religieuses*, vol. 84, no. 1, 2009, pp. 23-48.

De nouveaux secteurs sont créés en 1926 à Adzopé, Agboville, Divo, Bongouanou, Jacqueville, Lauzoua, Toupa, Tiassalé. Après la création de l'institut de catéchistes de Dabou par Robert Howett en février 1926, l'événement majeur est la visite au Liberia du pasteur Pierre Benoit en compagnie de M. Victor Tanoh[5] afin d'avoir la caution de William Wadé Harris : heureux d'avoir des nouvelles

---

4. Coutumier de la paroisse catholique de Dabou du 24 août 1924, dans P. Trichet, *Côte d'Ivoire : les premiers pas d'une Église*, Tome II, 1914-1940, Abidjan, La Nouvelle, p. 168.
5. Victor Tano, ancien interprète d'Harris et converti par son œuvre était devenu catéchiste au sein de l'Église méthodiste.

des communautés chrétiennes de la Côte d'Ivoire, il leur signa un « testament » à Cap Palmas, le 25 septembre 1926.

Au cours de la période allant de 1927 à 1930, de nombreux mouvements de dissidence éclatèrent en plusieurs localités visitées par William Wadé Harris. La rébellion va aller jusqu'à la contestation du « testament de Harris » recueilli par le pasteur Pierre Benoit en septembre 1926. La rupture sera consommée par la rencontre entre William Wadé Harris et John Ahui (1888-1992)[6] en décembre 1928. Ce dernier va recevoir, à l'issue de son entrevue avec William Wadé Harris, la mission non pas de continuer son œuvre en Côte d'Ivoire mais de la « recommencer ». Contrairement au pasteur Pierre Benoit, John Ahui, par crainte de représailles de la part de l'administration coloniale, n'avait pas publié le document de William Wadé Harris qui « reprenait les mêmes thèmes que les Africains développaient contre la Mission, à savoir la défense des civilisations africaines, ainsi que la participation financière que leur réclamaient les Européens[7] ».

**Le testament de Harris**

Moi, William Wadé Harris, qui vous ai appelés à l'Évangile et baptisés, j'ai dicté ce message au pasteur pour qu'il vous l'apporte et que vous vous y conformiez. Tous les hommes, les femmes et les enfants qui ont été appelé et baptisés par moi, doivent entrer dans l'Église méthodiste wesleyenne. Je suis moi-même méthodiste. Personne ne doit aller à l'Église catholique romaine, s'il veut être fidèle à moi. Ceux qui ne reviendront pas resteront sous la colère de Dieu. Monsieur Platt, le directeur de l'Église méthodiste est désigné par moi comme mon successeur à la tête des Églises que j'ai fondées. Tous les fétiches, les kaibos, les ju-ju doivent être détruits. Brûlez-les tous au feu. Malheur à celui qui en garde secrètement dans sa maison ! Le feu du ciel le détruira. Tous, vous devez adorer le seul Vrai Dieu en Jésus-Christ et n'adresser de culte qu'à lui seul. Lisez votre Bible. C'est la parole de Dieu. Je vous en envoie une et j'indique les versets à méditer. Cherchez dans la Bible votre lumière. Apprenez les lettres pour la lire. Elle sera votre guide. Soyez fidèle en

---

6. John Ahui, après une maladie presque fatale en 1936, donnera vie au Harrisme entre 1940-1960. Paul William Ahui, *Le Prophète William Wadé Harris : Son message d'humilité et de progrès*, Abidjan, Nouvelles Éditions africaines, 1988. Voir aussi Lobo Kouassi, « John Ahui, Légataire universel s'est éteint », *Fraternité Matin*, le 11 décembre, 1992, p. 4 ; Sheila S. Walker, *The Religious Revolution in the Ivory Coast. The Prophet Harris and the Harrist Church*, Chapel Hill, University of North Carolina Press, 1983.

7. Ernest Amos Djoro, « Les Églises harristes et le nationalisme ivoirien », *Le mois en Afrique*, n°5, mai 1966, p. 41.

toutes choses en restant fermement attachés à l'observation des dix commandements et à la parole de Jésus-Christ, Notre Seul Sauveur. Je vous envoie tous mes vœux et mes bons messages. Que le Dieu de Paix vous bénisse abondamment[8].

En 1929, des missionnaires de la CMA en exploration en Côte d'Ivoire ont évalué l'impact du mouvement déclenché par William Wadé Harris. La Basse Côte d'Ivoire était sa zone d'influence. Les missionnaires membres de l'expédition ont pu se rendre compte que le harrisme était un mouvement organisé, distinct, structuré et exigeant. Ils présentent Yocoboué comme une localité à trois Églises (l'Église catholique romaine, l'Église wesleyenne et « l'Église du peuple » ou de Harris qui a refusé de s'unir aux deux premières : son chef était à Grand-Lahou[9]. À Grand-Lahou, la communauté a exigé que les explorateurs se rendent d'abord chez le chef du village puis chez l'administrateur pour les informer du but de leur mission[10]. Le mouvement avait des responsables, même si, par endroit, il a suscité de faux prophètes comme « Bébé » de Sassandra[11] que les missionnaires ont pu rencontrer. H. Diabaté rapporte les événements suivants à ce sujet :

### Bodjui Aké, l'Anté-Christ

En 1926, un Alladian, originaire d'Avagou, crée un nouveau mouvement rassemblant d'abord les adjoukrou, puis les abidji et les Abbey. Également opposé aux catholiques et aux protestants qu'il assimile curieusement au diable, il ne sera pas entendu dans son propre pays, car ses compatriotes alladian sont plutôt fidèles au culte « bébé », instauré en 1930 par un homme de Sassandra, Togba Grah. L'administration coloniale évoque les méthodes d'Aké dans un rapport qui tend à le présenter comme un héritier spirituel de Harris, parce que ces prédications suscitent partout une effervescence inquiétante : « Ces conflits sont nombreux depuis qu'un nouveau prophète, Bodjo (sic) Aké, semble avoir repris la doctrine de Harris. Il baptise avec l'eau du ciel et enseigne une sorte de protestantisme sommaire adapté aux incompréhensions simplistes des indigènes. Ses adeptes sont nombreux déjà et on réclame sa présence dans tous les villages[12]. »

---

8. Ahui, *Le prophète William Wadé Harris*, p. 313.
9. *The Allliance Weekly*, n°12 du 22 mars 1930, p. 185.
10. *Ibid.*, p. 186.
11. *Ibid.*, p. 1 et 184.
12. Archives d'Abidjan. Rapport général X17/34/8, cité par G. Joseph.

Les fidèles de ce nouveau mouvement sont surtout des transfuges de la mission protestante, en raison de ce que les Ebrié, les Adjoukrou et les Alladians, chez lesquels prêche Aké, ont subi une forte influence protestante. Aké meurt de sa belle mort en 1931 et son « église » avec lui.

**Togba Grah et le culte « bébé »**

En 1930, Togba Grah, appelé encore Bébé Grah, originaire de Sassandra, se lance à son tour dans l'activité prophétique. Il laisse entendre qu'un jour il a été réveillé par une boule de feu, d'où provenait une voix qui lui dit : « Tout va mal dans ce pays, on n'obéit plus aux chefs, les jeunes gens prennent les femmes des autres et s'enivrent ou s'abrutissent dans l'adoration des fétiches. Dis à tes frères d'abandonner ces pratiques détestables pour prier. Je t'ai averti pour avertir les méchants[13]. »

La lutte contre les fétiches, l'alcool et l'adultère tiendront naturellement une place importante dans son discours. (…) Il parvient en 1932 à Toukouzou d'où il rayonnera sur Tiagba et le pays alladian[14].

Au moment où l'œuvre de la WMMS était en pleine évolution, la Mission Biblique était en gestation pour la Côte d'Ivoire.

## Au Sud-Ouest, la Mission Biblique en Côte d'Ivoire

Comme l'ont fait les responsables de la WMMS, le missionnaire africain anglophone Mark Christian Hayford (1864-1935) eut l'idée d'engager des missionnaires français pour l'œuvre qu'il avait entamée en Côte d'Ivoire. Cela explique son séjour à l'Institut biblique de Nogent en 1926.

Fruit d'une longue attente, cet institut répondait aux aspirations cultivées de longue date par ses fondateurs, Jeanne et Ruben Saillens. Pour ce couple, emblématique du revivalisme français entre les années 1870 et 1940, […] l'éclatement du monde évangélique conduisait à une voie sans issue. Lui-même issu du terroir huguenot des Cévennes, doté d'un charisme hors du commun, le pasteur et évangéliste Ruben Saillens (1855-1942)

---

13. Archives d'Abidjan. Rapport Reste V 16/185.
14. H. Diabaté, *Église et Société africaine. Paroisse Saint-Pierre de Jacqueville. Un siècle d'apostolat*, Abidjan, NEA, 1988, p.150-152.

avait les moyens intellectuels et culturels d'effectuer des virages stratégiques. [...] Autour d'une équipe enseignante évangélique et interdénominationnelle (libristes, baptistes, méthodistes, réformés évangéliques et autres y collaborent), l'Institut biblique de Nogent a cristallisé des efforts jusque-là dispersés. Avec cet institut, les protestants évangéliques français se dotaient pour la première fois d'une structure de formation inter-évangélique durable. [...] Son mot d'ordre : « Le Christ tout entier, dans la Bible tout entière ». À partir de 1921, des dizaines d'étudiants, chaque année, s'y sont formés en vue d'un ministère de pasteur, de missionnaire ou d'évangéliste. [...] Depuis sa création jusqu'en 1965, l'Institut biblique de Nogent est resté le premier et le principal cœur de réseau de la mouvance évangélique française[15].

La visite de Mark Christian Hayford à l'Institut biblique de Nogent coïncida avec la fin des études de Daniel Richard (1901-1979)[16]. En février 1927, un accord est conclu entre les Richard et Mark Christian Hayford qui leur rendait visite pour la seconde fois :

> À Dabou, mon ami, M. Edwards, de la société King, vous attend. Voilà une lettre de lui qui vous servira d'introduction. Vous irez visiter les postes missionnaires que j'ai créés à Pass, à Chaba [Tiagba] et dans plusieurs villages. Vous choisirez vous-mêmes le meilleur emplacement pour votre maison. Les chrétiens vous aideront à la construire[17].

En leur donnant des indications pour le voyage, une lettre d'introduction auprès de M. Edwards, responsable de la société King à Dabou, une lettre du ministère des colonies à remettre au gouverneur général de l'A.-O.F. et de l'argent pour les premiers frais, la mission Hayford pour la Côte d'Ivoire était née. Mark Christian Hayford avait pris toutes les dispositions pour que les Richard effectuent un séjour linguistique en Angleterre avant leur arrivée en Côte d'Ivoire le 21 mars 1927. Sur place, ils auront la désagréable surprise d'apprendre que la

---

15. Sébastien Fath, *Du ghetto au réseau. Le protestantisme évangélique en France, 1800-2005*, Paris, Éditions Labor et Fides, 2005, pp. 148-149.
16. Laure Marzolf (1904-2003), son épouse, faisait un stage d'infirmière. Elle était française d'origine algérienne. Elle fréquentait l'Église méthodiste d'Oran avec laquelle elle dû rompre à cause de l'influence moderniste qui s'y était manifestée. Elle entra donc à l'institut biblique de Nogent en 1921 où elle étudia et travailla jusqu'en 1925.
17. Decorvet, *les matins de Dieu*, numéro de page inconnu.

société King de M. Edwards était dissoute et reprise par la Compagnie Française en Côte d'Ivoire (CFCI).

Après plusieurs péripéties, ils vont être recueillis aimablement par les missionnaires méthodistes de Dabou qui encouragèrent les Richard à aller prospecter du côté de Sassandra. C'est au cours du voyage et compte tenu du mutisme prolongé du Dr Hayford que Daniel Richard proposa à son église de les prendre définitivement en charge. En guise de réponse, il recevra une lettre datée du lundi de Pentecôte (6 juin) 1927 dans laquelle le comité leur demandait de devenir des missionnaires de l'Église du Tabernacle : c'était la naissance de la mission biblique du Tabernacle qui deviendra la Mission Biblique en Côte d'Ivoire Occidentale avec Sassandra comme siège[18]. Les deux années 1928 et 1929 furent particulièrement difficiles pour la MBCI. En 1928, les difficultés d'ordre financier peuvent s'expliquer par les travaux de construction et d'investissement en France[19] qui influencèrent les conditions de vie des missionnaires en Côte d'Ivoire[20]. Mais lors de l'inauguration de ces bâtiments le 25 avril 1928, une soirée sera consacrée à la MBCI. Celle-ci attendait depuis longtemps l'accord de l'administration pour la construction de la première station missionnaire à Sassandra. Ce sera fait le 18 mai 1928. Le reste de l'année sera consacrée à des voyages d'exploration que Daniel Richard effectue à Man en octobre et à Buyo du 5 au 19 décembre.

Installés au départ dans un campement, les missionnaires construisirent leur première concession officielle à Sassandra au début de l'année 1928.

> À Sassandra, Daniel Richard fit la connaissance d'un ouvrier Yacouba du nom de Bongue qui travaillait dans une huilerie de cette ville. Son contrat ayant pris fin, il décida de rentrer dans sa ville natale. Daniel jugea bon d'effectuer ce voyage avec lui […]. Cette région se trouvait être peu touchée par la civilisation occidentale. […]. Dès leur arrivée, Monsieur Bongue proposa qu'il rende visite à un chef de canton qui se trouvait être son parent. C'est ce qu'il fit et fut bien reçu, son ami en particulier, en raison de son caractère étrange, a été traité avec beaucoup d'égards. Après les salutations, le chef du canton donna la

---

18. « Lettre de M. Blocher du 31 juillet 1927 », in Jeanne Decorvet, *Les matins de Dieu*, p. 63.
19. Ces deux bâtiments (L'Église du Tabernacle et de la maison de vieillards de St Ouen) seront inaugurés le 25 avril 1928.
20. Decorvet, *Les matins de Dieu*, p. 52.

parole à Daniel comme le veut la coutume des Yacouba. Ce contact marqua le début de l'évangélisation de Man et de sa région[21].

En 1934, d'autres stations missionnaires furent ouvertes à Man et à Daloa. Celle de Daloa abritait une chapelle (1934), un collège (1947), une école primaire et un centre de formation professionnel (1964).

**Tableau 5. Évolution du nombre d'auditeurs, de baptisés et de lieux de culte**

| Années | 1927 | 1937 | 1947 | 1957 | 1961 | 1962 |
|---|---|---|---|---|---|---|
| Auditeurs | 0 | 300 | 600 | 3176 | 4755 | 5830 |
| Baptisés | 0 | 30 | 70 | 377 | 1095 | 1304 |
| Lieux de culte | 0 | 13 | 13 | 57 | 109 | 125 |

Source : Adapté de *L'appel de la Côte d'Ivoire* (1961-1969).

Il est important de noter qu'en 1928, Mark C. Hayford a effectué une visite à Grand-Bassam et à Dabou sans en informer les Richard : il constatera que les postes missionnaires qu'il avait constitués étaient désormais rattachés à la société des missions méthodistes wesleyennes[22]. En 1929, le couple Richard, sur insistance de leur Église, accepta de rentrer en France pour des raisons de santé. Daniel Richard dû faire avant tout une tournée à Buyo du 20 août au 9 septembre 1929. La somme qui leur avait été allouée étant insuffisante, ils devront compter sur la générosité des missionnaires de la CMA qui seront de passage en Côte d'Ivoire : ce fut l'un des éléments caractéristiques des rapports entre la MBCI avec la CMA.

La MBCI et la CMA avaient comme point commun théologique leur adhésion au mouvement fondamentaliste et leur statut de mission de foi[23]. Dès que la CMA a voulu avoir un allié en France, elle s'est tournée vers les institutions de l'Église du Tabernacle. Les rapports de la CMA avec l'Église du Tabernacle sont très anciens ; ils datent au moins de la période où la CMA avait résolu d'envoyer ses missionnaires devant exercer en pays francophones en France pour perfectionner leur connaissance du français : c'est l'Institut biblique de Nogent-sur-Marne[24]

---

21. Zacharie Oulaï, « Histoire de la Mission Biblique et de l'UEESO-CI dans la région de Man », dans James Krabill, sous dir., *Nos racines racontées*, Abidjan, PBA, 1995, p. 183.
22. C'est le dernier écho que nous avons de Mark Hayford qui mourra en 1935.
23. Certains missiologues parlent de « Faith Missions ». cf. Klaus Fiedler, *The Story of Faith Missions from Hudson Taylor to Present Day Africa*, Oxford, Regnum Books International, 1994.
24. L'Institut biblique de Nogent-sur-Marne a été fondé en 1921 par le pasteur et évangéliste Ruben Saillens de l'Église du Tabernacle à Paris dans le but de former des évangélistes et des missionnaires.

qui fut choisi comme cadre principal de recyclage des missionnaires de la CMA dès 1922.

Une grande amitié liait Robert S. Roseberry, directeur de la CMA en A.-O.F., et Jacques A. Blocher, professeur à l'Institut biblique de Nogent-sur-Marne et président de la MBCI. À travers leurs concertations régulières, des décisions importantes seront prises entre les deux missions : on peut citer pour cette période, l'affectation au siège de la CMA à Kankan de Mlle Deleu. Cette institutrice-missionnaire devait venir épauler le couple Richard à Sassandra dès octobre 1929. Elle dut rester auprès de la CMA à cause de l'absence des Richard de la Côte d'Ivoire. Son séjour lui permettra non seulement de s'initier à la vie missionnaire mais aussi de dispenser des cours de français aux missionnaires américains de la CMA.

---

**Robert Sherman Roseberry (1883-1976)**

Il est né le 22 novembre 1883 d'une famille de paysans protestants de l'Ouest de la Pennsylvanie aux États-Unis. En 1892, il se convertit personnellement à Christ puis, en 1897, il prend un second engagement. Alors qu'il se préparait à faire des études en Pennsylvanie à Indiana State Normal School (l'école normale) pour devenir instituteur, il sera influencé par les Réveils de 1904-1906. Il décida de suivre des cours à l'Institut d'études missionnaires de Nyack de décembre 1906 à 1909 où il aura le privilège d'avoir des professeurs comme A. B. Simpson pour qui il avait une grande admiration.

En octobre 1909, à la fin de sa formation, il est affecté comme missionnaire en Sierra Leone. Il est venu célibataire en mission. En 1914, il se marie à Edith Plattenburg en la chapelle de Mayassa (Sierra Leone). Il est nommé par la suite président de la conférence missionnaire de Sierra Leone. En 1919, le couple Roseberry s'installa à Kankan où il devient directeur général de la CMA en Sierra Leone et en Afrique-Occidentale française.

Sa vie dès lors se confondra avec l'histoire de la CMA en Afrique-Occidentale française jusqu'en 1955, année de son départ à la retraite. Il fut décoré de la Légion d'honneur française en 1952. Il se remaria en 1967 après le décès de sa première épouse et mourra en Floride le 9 juillet 1976. Il est auteur d'un nombre important d'ouvrages.

Source : Célestin Kouassi, *La CMA en pays baoulé de 1919 à 1960. Dynamique d'une mission chrétienne et évolution du contexte sociopolitique*, Abidjan, Université de Cocody, 2006, p. 92.

## Au Centre, la Christian and Missionary Alliance (CMA) et au Centre-Ouest, la Worldwide Evangelization Crusade (WEC)

Nous rapportons ci-après les origines et caractérisques de la CMA[25] :

> La CMA est une société missionnaire dont le fondateur est Albert Benjamin Simpson (1843-1919), un pasteur presbytérien canadien d'origine écossaise. En 1881, il se retira de l'Église presbytérienne pour fonder *The Gospel Tabernacle* avec une école de formation missionnaire à Nyack dont les diplômés seront envoyés au Congo belge (novembre 1884 et 1888), en Inde (1887 et 1888), en Chine (1888), au Japon (1889 et 1891), en Palestine (1889 et 1890), en Sierra Leone (1890). À la convention d'Old Orchard (30 juillet au 9 août 1887), il mit en place deux organisations : l'Alliance Chrétienne et l'Alliance Mission Évangélique[26]. En 1919, la CMA s'est installée d'abord en Guinée française puis au Soudan français et en Haute Volta en 1923.
>
> La Côte d'Ivoire a été visitée au moins deux fois par son directeur en A.-O.F., Robert Roseberry, avant l'installation de la CMA en 1930. Sa première visite eut lieu au mois de juin 1925 : il menait une enquête sur le mouvement Harris en compagnie du pasteur Jean-Paul Cook-Jalabert (1861-1938). La deuxième visite est la grande expédition missionnaire qui dura du 30 octobre au 25 décembre 1929[27]. En 1930, la famille du missionnaire George Powell (1898-1955) est désignée par la CMA pour commencer une œuvre en Côte d'Ivoire[28]. Il existait déjà à Bouaké une cellule de protestants anglophones[29]. Parmi les pionniers, on peut citer en premier lieu Julius Roch[30]. Il y avait aussi M. Albert N'zo qui parlait la langue abbey et M. Marcel Koffi Dan qui était originaire d'Anyansoué en pays agni. Nous avons

---

25. Sans auteur, cours « Histoire et Doctrine de la CMA », https://www.ebac-edu.org/images/Cours_sur_la_CMA.pdf, page consultée le 6 décembre 2023. Les notes de bas de page du document sont reprises dans la citation.
26. Le 2 avril 1897, vont fusionner pour donner naissance à la CMA.
27. Robert Shermann Roseberry, « Survey of the Ivory Coast, West Africa », *The Alliance Weekly*, 5 avril 1930, p. 218.
28. George Powell, « The Macedonian Call of the Ivory Coast, Africa », *The Alliance Weekly*, 25 octobre 1930, p. 696.
29. Archives nationales de Côte d'Ivoire, « Rapport politique du Cercle de l'Indénié, 2ᵉ trimestre 1936 ».
30. Robert Shermann Roseberry, « Julius the cobbler », dans *The Soul of French West Africa*, Harrisburg, Christian Publications, 1947, p. 7-12.

une description des activités qui se déroulaient dans le temple de Bouaké : « Les cultes se tiennent régulièrement, deux les dimanches et deux pendant la semaine, les mercredis et vendredis soirs. Nous tenons nos cultes du soir à 17h30. Plusieurs fois, nous avons trouvé nécessaire de prêcher deux fois dans un service, à cause de la diversité de langues. En premier lieu nous avons un service en baoulé, en prêchant en français avec un interprète, puis en "dioula", la langue commerciale, à l'endroit de ceux qui ne comprennent pas le baoulé. Souvent, nous finissons avec l'anglais pour ceux qui ne parlent ni le français ni le baoulé. »[31]

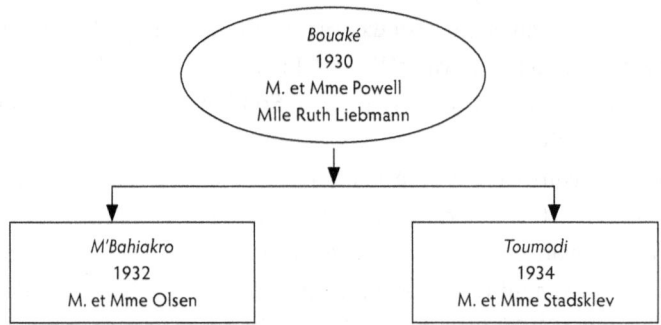

**Stations et personnel missionnaires en pays baoulé (1934)**

---

31. « Buying up the opportunities in French West Africa », une publication de la C&MA, s.l. (1932).

> **George Powell**
>
> George Powell, le premier missionnaire de la CMA à s'établir en Côte d'Ivoire (de 1930 à 1955), est né en 1898 à San Coule (Montana) aux États-Unis. Il est entré en 1917, très jeune (19 ans), au Missionary Training Institute de Nyack. C'est au cours de sa formation pour la mission que le 25 décembre 1920, il célèbre son mariage avec Mlle Glawdys Steese. Diplômé en 1921, Powell entreprit un ministère d'évangéliste aux États-Unis. Cette expérience ne sera pas assez longue puisque dès novembre 1922, à 24 ans, il est affecté avec son épouse comme missionnaire en Guinée française. En Guinée, les Powell vont œuvrer parmi le peuple Meninka notamment à Kissidougou. Cinq ans après leur arrivée dans ce pays, on apprendra « qu'un petit enfant, George ARCHIE, est né chez M. et Mme Powell à Kouroussa le 18 juillet (1927)[32] ». Les Powell vont acquérir une bonne expérience missionnaire en Guinée (nov. 1922 à oct. 1930) avant de venir en Côte d'Ivoire où ils passeront le reste de leur carrière qui durera près de 22 ans. Ils sont retournés définitivement aux États-Unis en février 1952. George Powell est mort le 25 octobre 1955 à Atlanta des suites d'une longue maladie. Les chrétiens du pays baoulé gardent un bon souvenir de ce serviteur de Dieu.
>
> Source : Célestin Kouassi, *La CMA en pays baoulé de 1919 à 1960. Dynamique d'une mission chrétienne et évolution du contexte sociopolitique*, Abidjan, Université de Cocody, 2006, p. 101.

Le fondateur de la Worldwide Evangelization Crusade (WEC) est Charles Thomas Studd. De 1900 à 1906, il fut pasteur de l'Église indépendante d'Ootacamund (aux Indes), sous les auspices de la Société anglo-indienne d'évangélisation. C'est à la fin de ce séjour aux Indes, en compagnie de sa famille, que va s'ouvrir une nouvelle page de sa vie missionnaire. Jusque-là, malgré une vie de missionnaire bien remplie en Chine, aux Indes et en Amérique, Charles Studd n'avait reçu aucun appel pour l'Afrique. Ce n'est qu'en 1908 seulement que son attention sera attirée, à Liverpool, par une annonce surprenante sur le continent noir mais représentative de l'idée que l'Occident s'en faisait à cette époque : elle réclamait des missionnaires pour les « cannibales » d'Afrique et son auteur, le Dr Karl Kumm avait traversé l'Afrique à pied et a pu constater « que dans le centre du continent, il y avait un grand nombre de tribus qui n'avaient jamais entendu l'histoire de Jésus-Christ[33] ».

---

32. Archives du DEFAP, Rapport Roseberry du 1er septembre 1927, p. 4. George Archie Powell fut également missionnaire en Côte d'Ivoire. Il était le deuxième enfant de la famille après Erma Powell.
33. Charles Studd cité par Norman Grubb, *Champion de Dieu*, La Bégude de Mazenc, C.L.C., 1985, p. 117.

> **Charles Thomas Studd (1862-1931)**
> Charles Studd est né en 1862 en Angleterre où il s'affirma d'abord comme champion de *cricket* (un jeu de balle anglais qui se joue avec des battes de bois) : il fut capitaine de l'équipe universitaire de Cambridge en 1883. Converti en 1878 (un an après son père Edouard Studd), il prit un recul de six ans avant de faire un nouvel engagement qui le conduira à se donner entièrement pour l'œuvre de Dieu. Il prit contact avec Hudson Taylor (1832-1905), le fondateur de la *Mission à l'Intérieur de la Chine* et s'embarqua pour la Chine en février 1885 en compagnie de six autres compagnons. En 1887, à son vingt-cinquième anniversaire, il hérita de son père une importante somme d'argent qu'il distribua aux œuvres évangéliques (Moody, Armée du Salut, George Muller, Mission à l'Intérieur de la Chine...). Il épousa Priscilla Stewart, une missionnaire irlandaise en Chine avec qui il aura quatre filles : Grâce, Dorothée, Edith et Pauline. En 1894, après dix ans passés en Chine, ils rentrèrent en Angleterre suite à l'aggravation de l'état de santé de Charles Studd.
> Source : Célestin Kouassi, *La CMA en pays baoulé de 1919 à 1960. Dynamique d'une mission chrétienne et évolution du contexte sociopolitique*, Abidjan, Université de Cocody, 2006, pp. 154-156.

Après plusieurs tentatives, malgré sa santé fragile et les difficultés climatiques à affronter, Charles Studd s'embarqua le 15 décembre 1910 pour le Soudan (Khartoum). C'est à son retour de Khartoum en 1912 qu'il eut un zèle ardent pour une « Nouvelle Croisade » en Afrique. Les premiers jalons de la nouvelle mission seront posés et dès 1913, les premiers missionnaires (Charles Studd, 52 ans et Alfred Buxton, 20 ans) vont voyager à travers le Kenya et l'Ouganda, jusqu'aux rives du lac Albert (région du Congo Belge) : c'est la naissance de ce qui sera connu plus tard sous l'anagramme « WEC » (Worldwide Evangelization Crusade ou, en français, Croisade pour l'évangélisation mondiale).

E.-G. Leonard, en insistant sur le nom de la nouvelle société missionnaire créée par Studd et le titre de « virgules zéro du Christ » que ses collaborateurs ont décidé de porter, va voir naître une « mission fondamentaliste, qui va prendre la relève des missions institutionnalisées, et parfois trop portées à la seule philanthropie[34] ».

---

34. Émile-Guillaume Leonard, *Histoire générale du Protestantisme. Tome 3 : Déclin et Renouveau*, Paris, Quadrige et P.U.F., 1961, p. 475.

Les premiers explorateurs de la WEC en Côte d'Ivoire sont Samuel Staniford et Frederick-George Chapman : ils arrivent à Grand-Bassam le 28 novembre 1934. Leur premier voyage, qui se déroule du 2 au 6 décembre 1934, va les conduire d'abord à Bouaké puis à Katiola, Dabakala et Tafiré. Le deuxième voyage leur permettra de visiter, du 7 au 13 décembre 1934, Béoumi, Séguéla, Vavoua, Daloa, Bouaflé, Sinfra, Gagnoa et Divo. C'est à l'issue de ce deuxième périple que leur choix se portera sur le pays gouro. En 1935, la WEC va essuyer plusieurs échecs dans sa volonté d'obtenir l'autorisation de s'établir en Côte d'Ivoire. Ayant certainement compris que ces refus étaient liés à leur origine anglaise, les missionnaires de la WEC vont demander l'aide de la MBCI qui est d'origine française. La MBCI va être d'un grand secours pour la WEC car le pasteur Daniel Richard va rédiger une demande en règle et y ajouter une lettre de recommandation. Trois mois plus tard, plus précisément le 3 juin 1935, l'autorisation fut accordée à la WEC de s'installer à Vavoua. C'est aussi la date d'arrivée de Mme Staniford en Côte d'Ivoire.

Le 30 mars 1936, une nouvelle triste viendra malheureusement endeuiller cette société : le décès de Mme Staniford, des suites d'un accès de fièvre jaune. Ce fut une occasion de solidarité manifeste entre la MBCI et la WEC :

> Gaby Brehm (de la mission biblique) se rendit en hâte à *Vavoua*, mais ne put même pas pénétrer sur la station de la WEC : tout le personnel blanc et noir était en quarantaine pour 21 jours. Ils échangèrent des lettres. M. Staniford était admirable d'acceptation dans la foi. Ils attendaient deux jeunes filles en renfort, pourrait-on les recevoir à Daloa ? Les missionnaires de la Mission biblique acceptèrent avec empressement. Loïs Millan allait bientôt partir en congé, cette aide était bienvenue. Elles perfectionneraient leur français avec les Brehm et s'initieraient à la vie africaine avant d'aller ouvrir, pour la WEC, une nouvelle station chez les Gouro[35].

Le 4 mars 1937, la WEC va recevoir de nouveaux missionnaires. Deux parmi eux, Tom Fagan et Nan Gibson, vont s'unir par les liens du mariage le 2 décembre 1937 : ce fut le premier mariage missionnaire de la WEC en Côte d'Ivoire. Il sera suivi d'un autre mariage, le 21 juillet 1938 ; ce dernier aura une toute autre portée car il s'agissait du mariage de Frederick-George Chapman de la WEC et de Loïs Millan de la MBCI à Man. À travers eux, la WEC et la MBCI allaient renforcer encore plus les relations établies en 1935.

---

35. Decorvet, *Les matins de Dieu*, p. 160, italique dans l'original.

# 5

# L'évolution vers l'unité d'action des protestantismes

L'unité est un concept ancien (Gn 1.26 ; Ps 133 ; Mt 18.18-20 ; Jn 17.20-23 ; Ep 4.1-6). Pour mieux le définir, il faut avant tout dire ce que l'unité n'est pas. En effet, l'unité n'est pas l'unanimité, l'uniformité, l'unification, la fusion. Selon Solomon Andria,

> **L'unanimité** signifie un accord absolu de **tous** les chrétiens sur **tous** les points de la doctrine chrétienne. Tous les chrétiens devraient fermer les yeux sur les points doctrinaux fondamentaux ou secondaires qui divisent. Dans **l'uniformité**, seul l'aspect extérieur et visible importe : on propose une même structure, une même liturgie, un même langage, un même cantique, une même version de la Bible... La division qui est un problème de fond ne peut être résolue par l'uniformisation qui concerne la forme et qui vise surtout la ressemblance plutôt que l'unité. L'**unification** est l'action de faire un tout de plusieurs choses. Il n'est pas difficile de faire de plusieurs églises d'un même pays une seule église, nous dirons une super-église. Les exemples ne manquent pas en Afrique. Ces églises unifiées ne sont pas pour autant parvenues à l'unité. Au contraire, des déchirements douloureux à l'intérieur de ces églises unifiées font atrocement souffrir les chrétiens. Une **fusion** est un mélange confus de deux ou plusieurs églises hétérogènes. La fusion ne touche pas seulement l'aspect structurel et organisationnel, elle touche également la théologie. Ou bien on cherche à faire une synthèse des théologies des églises à fusionner pour obtenir une nouvelle

théologie ayant le plus possible d'ingrédients des églises originelles, ou bien on évacue la théologie, et on met de côté tout ce qui divise[1].

La nature et le but de l'unité sont clairement définis dans Jean 17 :

- Réaliser l'unité spirituelle, c'est chercher la gloire, le triomphe de Christ dans nos propres vies d'abord, dans le monde ensuite.
- L'unité est d'ordre spirituel, car elle concerne tous les enfants spirituels de Dieu, adoptés grâce à l'œuvre de réconciliation de la croix.
- L'unité est invariable dans le temps comme dans l'espace pour Jésus-Christ, il s'agit d'une unité éternelle et non provisoire ou temporelle.

L'unité, bien que de nature spirituelle, doit être visible pour le monde qui, en la voyant, doit pouvoir croire au Seigneur. Le but de l'unité, c'est que « le monde croie ». Les trois composantes de l'unité sont l'unité de foi[2], l'unité d'esprit[3] et l'unité d'action. Sans l'unité de foi et d'esprit, il n'y aura pas d'unité d'action. Dans Jean 17, Jésus prie pour l'unité des disciples en vue de la mission (ou de l'action). L'action est le côté visible de l'unité.

## La conférence intermissionnaire protestante de Bouaké (1937)

Cette première conférence intermissionnaire s'est réunie du 15 au 17 juin 1937 à Bouaké. Cette « joyeuse et bienfaisante réunion[4] » a été convoquée par la CMA, preuve supplémentaire de l'ascendance de cette société missionnaire sur les deux autres. Les matinées étaient meublées par des rencontres entre missionnaires et les soirs des cultes dans la chapelle de la ville. Le soir du 17 juin, un culte en français a été organisé et « plusieurs Français étaient présents[5] ». Une absence est cependant remarquée : celle de la mission méthodiste.

---

1. Solomon Andria, *L'unité. Rêve ou réalité*, Abidjan, PBA, 1989, p. 25, 26.
2. S'il n'est pas possible d'être d'accord sur tous les points de la doctrine chrétienne, il est néanmoins nécessaire, pour qu'il y ait unité de foi, que l'on soit d'accord sur un *minimum* de points de doctrine : sur l'essentiel.
3. Malgré toutes les différences qu'on peut évoquer, les chrétiens sont capables de vivre une communion fraternelle authentique tout simplement parce qu'ils sont nés du même Esprit, sauvés par un même Sauveur et adoptés par un même Père. Ils ont fait la même expérience du pardon. L'Esprit de Dieu les unit malgré leurs différences.
4. Decorvet, *Les matins de Dieu*, p. 165.
5. *French West Africa Quarterly*, octobre 1937, p. 5.

Tableau 6. Les sociétés missionnaires présentes à Bouaké[6]

| | |
|---|---|
| CMA | • M. **Roseberry**<br>• M. et Mme Olsen<br>• M. et Mme Powell<br>• M. et Mme Arnold<br>• M. et Mme Stadsklev<br>• Mlle Liebmann |
| MBCI | • Loïs Millan<br>• M. et Mme **Richard**<br>• M.et Mme Brehm |
| WEC | 6 missionnaires plus M. bennington dont :<br>• M. **Staniford**<br>• Frederick- George Chapman<br>• Tom Fagan<br>• Nan Gibson ? |

Source : Adapté de B. Ritchey, *The History of the Alliance Missions in the Ivory Coast (Côte d'Ivoire)* [A compendium of material], s.l., s.d., p. K9.

## Les mouvements de conversion de 1938 et 1941

### *Le mouvement de conversion de 1938*

Les origines du mouvement de conversion dans la région de Bocanda remontent à 1938. Son initiateur est Jacques Kouamé qui résidait auparavant à M'bahiakro (lieu de sa conversion). Il décida de rejoindre son village d'origine (Kprôukro). Il y évangélisa et eut des convertis : quarante-quatre personnes qui seront enrôlés par la suite dans l'Église catholique en l'absence de Jacques Kouamé revenu à M'Bahiakro. Le missionnaire Walter Olsen demandera à Jacques Kouamé de retourner dans la région en septembre 1939. Noé Kouamé, sur la demande du missionnaire, le rejoindra un peu plus tard : leur témoignage permettra d'atteindre le chiffre de deux cents convertis. Walter Arnold et Walter Olsen iront constater les faits en compagnie de Jacques et Noé Kouamé :

> Dans un seul village, il y avait 118 nouveaux convertis ! Pendant leur visite, 71 de plus sont venus prier, ce qui faisait un total de 271 personnes, non pas à Bocanda seul mais dans les villages

---

6. Les noms des premiers responsables des missions sont en gras.

proches. Tous ceux qui étaient venus s'engager désiraient avoir des noms chrétiens ou bibliques du fait que leurs noms avaient des significations fétichistes. C'était une grande tâche : trouver assez de prénoms sans trop se répéter. Puisqu'ils n'étaient pas tous du même village, le même prénom a été donné à plusieurs. Il y avait plusieurs Abraham, Isaac, Jacob, David, Salomon, Ruth, Marie, Elizabeth...[7]

L'ampleur du mouvement nécessita la création d'une station missionnaire : c'est la ville de Dimbokro qui sera choisie par M. et Mme Walter Arnold, en raison de sa situation stratégique[8]. L'installation des missionnaires de la CMA à Dimbokro s'est effectuée dans l'enthousiasme. Ils trouvèrent des chrétiens originaires de la Gold Coast comme M. Joseph Armoo Yanzou (1908-1991), un commis de l'administration qui sera d'une très grande utilité. Celui-ci offrit sa maison comme lieu de culte au départ. On comptait aussi parmi le personnel de la mission deux autres membres ayant du zèle pour l'évangélisation : MM. Diéké Koffi Joseph et Jean Frondo Kouassi, venus de M'bahiakro[9]. La CMA a envisagé la création d'une école biblique à Dimbokro[10] grâce à sa position stratégique et la proximité de Bocanda, zone où le mouvement de conversions se déroulait. Malheureusement, dans la nuit du 9 au 10 décembre 1939, l'argent[11] qui devait servir à la construction de l'école fut dérobé au domicile de M. Arnold[12] à Dimbokro.

## *Le mouvement de conversion de 1941*

Ityo Dyene est née vers l'an 1900. Originaire du village de Tyenguedougou en pays djimini, le catéchiste Koffi Dan la rencontra au bord du chemin à Bouaké. Elle avait parcouru une longue distance (environ 120 km) à la recherche d'un guérisseur pour le mal mystérieux dont elle souffrait. Koffi Dan lui parla de Jésus-Christ, « le médecin des âmes qui peut aussi guérir les corps » et elle en fut convaincue. Devant l'histoire du Fils de Dieu mort pour nos offenses, Ityo

---

7. Archives de la CMA, « lettre d'Elisabeth Olsen datée du 8 janvier 1940 ».
8. Dans la boucle du cacao, non loin de Bocanda et situé sur la ligne de chemin de fer.
9. André Kouadio Kouakou, *Histoire de l'Eglise CMA*, p. 19.
10. Robert Shermann Roseberry, *Training Men for God in French West Africa*, New York, CMA, 1940, p. 7.
11. M. Roseberry indique qu'une somme de 1 000 dollars était disponible pour le projet. Mais nous n'avons aucune trace du cambriolage de Dimbokro dans ses nombreux écrits.
12. M. Joseph Diéké Koffi qui était au service de M. Arnold fut faussement accusé de complicité de vol. Il fut condamné par le tribunal de Grand-Bassam et emprisonné mais fut libéré 21 jours plus tard sur intervention de M. Arnold.

se repentit de ses péchés et elle crut. Au bout de quelques semaines, elle fut guérie et décida de retourner à Tyenguedougou chercher sa fille. Cette dernière se convertit à son tour. Elle commença à témoigner autour d'elle et encouragea plusieurs femmes de Bouaké à venir à l'église. C'est en 1940 que sa réelle vocation de servante du Seigneur s'est révélée à l'issue d'un appel lancé par deux jeunes missionnaires célibataires de la mission wesleyenne méthodiste en congé à Bouaké. Elles expliquèrent comment Dieu les appela en mission et elles voulaient que leur auditoire de ce dimanche matin s'engage aussi dans l'œuvre missionnaire : parmi les vingt personnes qui prirent l'engagement ce jour, il y avait Naomie Ityo Dyene !

Le pasteur Powell explique que, deux semaines plus tard, Ityo vint le rencontrer pour lui demander l'autorisation de se rendre en pays djimini, sa région, pour répandre la bonne nouvelle du salut en Jésus-Christ. Elle était prête à y aller à pied malgré la plaie qu'elle avait. Elle voulait aussi y aller seule malgré le scepticisme de son entourage qui ne croyait pas qu'elle pourrait avoir les ressources physiques et spirituelles pour affronter le peuple djimini. Elle va donner la preuve du contraire. Elle sera l'instrument pour la conversion d'un grand nombre de Djimini. Ce mouvement qui toucha près de cinq cents personnes impressionna la CMA qui comprit qu'une nouvelle porte était ouverte dans cette nouvelle région. Deux lettres seront écrites successivement le 11 décembre 1941 et le 10 février 1942 par le pasteur Powell à l'administration coloniale en vue d'obtenir l'autorisation d'y exercer le culte.

**Tableau 7. État des communautés chrétiennes fondées par Ityo**

| Villages | Nombres de fidèles |
|---|---|
| 1. TYENGUEDOUGOU | 97 |
| 2. KAERO | 45 |
| 3. SIROKA | 25 |
| 4. IAOULESSO | - |
| 5. BONADOUGOU | - |
| Total | Plus de 167 |

Source : Archives de l'A.-O.F., 17 G 115 (17), G. Powell, « Lettre du 10 février 1942 à M. le gouverneur de la Côte d'Ivoire, par voie hiérarchique de M. l'administrateur commandant le cercle de Bouaké ».

## La tournée de Jean Keller (1900-1993)

La tournée de Jean Keller en A.-O.F. avait trois principaux objectifs qui ont été définis dès le départ. Son premier objectif et aussi son but principal était d'obtenir l'accord des missions étrangères à l'œuvre en A.-O.F. pour la nomination à Dakar d'un délégué général du protestantisme. En second lieu, il était chargé d'étudier, selon le mot de Jean Keller lui-même, la possibilité de « truffer » certaines missions étrangères de quelques missionnaires français. Enfin, le pasteur J. Keller devait faire une enquête objective sur l'attitude politique des missions et en particulier sur les faits qui leur étaient reprochés par l'administration coloniale française.

Tableau 8. Les sociétés missionnaires protestantes en Côte d'Ivoire (1942)

| Sociétés | Stations | Missionnaires | Collaborateurs locaux | Fidèles |
|---|---|---|---|---|
| 1. MBCI | 2 | 4 | 10 | 2 500 |
| 2. WMMS | 4 | 14 | 175 | 29 600 |
| 3. CMA[13] | 4 | 9 | 22 | 2 400 |
| 4. WEC | 4 | 11 | 2 | 800 |

Source : Adapté des Archives du DEFAP, « Rapport d'enquête de M. Jean Keller sur son voyage en A.-O.F. ».

## La conférence de Dabou (1943)

Outre le pasteur Keller, délégué général des missions protestantes en A.-O.F., cinq missions protestantes étaient représentées à la conférence de Dabou.

Tableau 9. Les participants à la conférence de Dabou (21-25 octobre 1943)

| Sociétés missionnaires | Représentants |
|---|---|
| 1. WMMS | Partner, Benoit et Roux |
| 2. Assemblées de Dieu | Chastagner |
| 3. CMA | Roseberry, Olsen, Mabille |
| 4. MBCI | Richard et Mlle Bergonie |
| 5. WEC | Chapman |

Source : Adapté des Archives du DEFAP, « Procès verbal des séances de la conférence des missions protestantes en Côte d'Ivoire tenue à Dabou ».

---

13. Ces chiffres concernent le pays baoulé mais aussi la Haute Côte d'Ivoire.

La plus grande décision de la conférence de Dabou fut l'établissement du projet de statut de la « Fédération des Missions Évangéliques en A.-O.F. » qui sera analysée à la conférence d'Abidjan en 1945.

Réunissant en Côte d'Ivoire la moitié des missions protestantes œuvrant en A.-O.F., elle a été ouverte le jeudi 21 octobre 1943 à 14h 30 avec une méditation du pasteur Keller sur l'unité.

**Extrait de la méditation du pasteur Keller sur l'unité**

Les désirs du Seigneur « qu'ils soient un », qu'il y ait « un seul troupeau et un seul berger », sont trop évidents pour avoir besoin qu'on y insiste. La seule question qui se pose est de savoir comment cette unité pourra se réaliser. Toute cette recherche, ce n'est pas seulement préparer la base de notre travail. C'est aussi nous replacer chacun en présence de notre foi, de notre Seigneur, c'est le contempler et l'écouter, implorer sa bénédiction avant de nous mettre au travail.[...] Ce qui justifie notre entreprise, c'est que nous sommes tous ici des serviteurs qui avons été désignés ; et c'est dans la mesure où nous demeurerons serviteurs, c'est-à-dire humbles et obéissants – dégagés de préjugés et de tout ce qui est humain en nous – que nous serons dociles aux inspirations de Dieu, que nous ferons du travail utile. [...] Ainsi, cette unité spirituelle que nous cherchons à réaliser est bien de la volonté de Dieu mais c'est une grâce qu'Il donne – et c'est un fruit – elle ne doit pas être recherchée pour elle-même – ce qui doit être cherché, c'est Jésus-Christ, sa gloire et son triomphe dans nos propres vies d'abord, dans le monde ensuite – et c'est dans la mesure où les uns et les autres seront obéissants à Christ, davantage enracinés en Christ que recevant la vie du même sol nourricier et ne recevant la vie que de ce sol-là, c'est-à-dire étant davantage morts au monde et à nous-mêmes, que nous reconnaîtrons que nous sommes semblables les uns aux autres, animés du même Esprit. Nous n'aurons plus à la chercher, l'unité sera réalisée – l'unité dans l'Esprit ouvrant la porte à toutes les autres[14].

---

14. Archives du DEFAP.

## La conférence d'Abidjan (1945)

La conférence d'Abidjan fut ouverte le mercredi 25 avril 1945 sous la présidence du pasteur Roseberry.

**Tableau 10. Les participants à la conférence d'Abidjan (25-26 avril 1945)**

| Sociétés missionnaires | Représentants |
|---|---|
| WMMS | MM. Stacey, Roux et Mlle Stennet |
| CMA | MM. Roseberry, Howard et Dupont |
| SMEP | M. Nouvelon |
| MBCI | M. Richard |
| WEC | MM. Staniford et Fagan |
| GMU | Délégation de pouvoir à M. Roseberry |
| SIM (Mission à l'Intérieur du Soudan) | Excusés : absence due aux difficultés de transport |
| MCA (Mission Chrétienne d'Afrique) | |
| Assemblées de Dieu | Aucun |
| Ponga | |

Source : Archives du DEFAP, Fédération des missions protestantes en A.-O.F., « Projet de statuts adopté à la conférence réunie à Abidjan les 25 et 26 avril 1945 ».

Après une brève méditation biblique, la journée du jeudi 26 avril a été consacrée à l'analyse du projet de statut de la Fédération article par article et à l'analyse des demandes de fondation de nouvelles missions en A.-O.F. Après les amendements proposés, quatre sociétés missionnaires ont ratifié les statuts le 26 avril : la MBCI ; la WEC ; la CMA et la GMU.

Diverses communications ont été faites à propos de l'enseignement privé et à propos de la maison de repos prévue pour les missionnaires à Man (Côte d'Ivoire). M. Keller avait négocié des subventions pour les missions protestantes françaises comme la MBCI[15].

La Conservative Baptist Foreign Missionnary Society est autorisée à s'installer à Korhogo, au Nord de la Côte d'Ivoire.

Les Assemblies of God Mission (AGM) du Canada qui souhaitent s'installer dans la région de Toulepleu (Côte d'Ivoire) sont priés de le faire en accord avec les AGM présents au pays mossi (Haute-Côte d'Ivoire).

---

15. Archives de l'A.-O.F., 18 G 220 (160), « Lettre de remerciement de Mme A. Blocher au gouverneur de l'Afrique-Occidentale française », Paris, 22 août 1945.

La Deuxième Guerre mondiale a pris fin en septembre 1945 avec la victoire des forces alliées. Le monde entier, l'Église entière et les protestants de Côte d'Ivoire ont tiré d'importantes leçons de cette guerre. Les Églises protestantes CMA en Côte d'Ivoire, malgré les nombreuses difficultés, ont pu résister. L'une des principales leçons que l'Église a tirée des périodes de conflit est la recherche de l'unité. C'est en effet après 1945 que vont se tenir les grandes conférences qui donneront naissance à des organisations unissant les chrétiens comme l'International Council for Christian Churches et le Conseil œcuménique des Églises. C'est aussi après la Deuxième Guerre mondiale que vont naître et se développer des œuvres paraecclésiastiques comme les Groupes Bibliques Universitaires (1947), World Vision (1950) et Campus pour Christ (1951). Cette leçon a été comprise par les sociétés missionnaires protestantes présentes en Côte d'Ivoire dans la naissance de la fédération missionnaire d'A.-O.F. malgré les oppositions et les nuances doctrinales. En outre, les années de guerre ont pu les aider à mieux comprendre le rôle des collaborateurs africains. Ceux-ci ont assuré valablement la relève pendant les années de braise où le personnel missionnaire était réduit au strict minimum.

## La conférence de la Fédération protestante en A.-O.F. à Bouaké (1946)

La conférence de Bouaké fut la première rencontre officielle de la Fédération après l'adoption de ses statuts à Abidjan en 1945. Certains n'hésitent même pas pour dire que c'est à Bouaké qu'est née la Fédération missionnaire[16].

Tableau 11. Les participants à la conférence de Bouaké

| Missions ayant approuvés les statuts | Représentants |
| --- | --- |
| 1. Christian and Missionary Alliance | MM. Roseberry, Howard, Olsen |
| 2. Gospel and Missionary Union | M. Mc Rostie |
| 3. Worldwide Evangelical Crusade. | M. et Mme Staniford , M. Fagan |
| 4. Mission Biblique de Côte d'Ivoire | M. et Mme Richard |
| 5. Mission Méthodiste | M. et Mme Partner |
| 6. Société des Missions Évangéliques-Paris | M. J. Faure |

---

16. Jean Keller, « Le problème de la coopération intermissionnaire et interecclésiastique dans l'ouest africain français », *Le Monde non chrétien*, n°35 juillet-septembre 1955, p. 223.

| Missions invitées | |
|---|---|
| 1. Sudan Interior Mission | M. Kapp |
| 2. Assemblies of God Mission | M. Hall |
| 3. Autres participants | M. Garlock, S. G. des A.G.M. pour l'Afrique |
| | M. Mabille, agissant comme délégué général |

Source : Adapté des Archives du DEFAP, Fédération des missions protestantes en A.-O.F., « Procès verbal des séances du conseil tenues à Bouaké les 15 et 16 mai 1946 ».

# 6

# Les années de rupture

L'année 1947 est marquée sur le plan international par la formation des premiers éléments du « rideau de fer » entre l'Ouest et l'Est, le début de la guerre froide et la structuration des deux blocs antagonistes. Plusieurs faits vont confirmer ce raidissement des positions entre ces anciennes puissances alliées lors de la Deuxième Guerre mondiale. En janvier 1947, la nomination du général George Catlett Marshall[1] marque la victoire de la tendance favorable au « containment », à l'endiguement des progrès du communisme dans le monde. Le 12 mars 1947, la déclaration de Truman au Congrès, suggérant que les États-Unis étaient prêts à secourir tout gouvernement désireux de lutter contre le communisme, va faire monter la tension d'un cran.

Le 5 juin 1947, la proposition du plan Marshall à l'Europe marque le coup et sera suivie en juillet 1947, tour à tour, de la création de l'OECE (Organisation européenne de coopération économique) et de la CIA (Central Intelligence Agency)[2].

La réaction du bloc communiste sera instantanée. En octobre 1947, c'est la création du *Kominform*[3] qui va servir non seulement d'organe de liaison entre les différents partis communistes mais aussi de tribune pour encourager les actions des forces anti-impérialistes qui subissent des revers en Europe et particulièrement en France.

---

1. Homme politique américain (1880-1959). Chef d'état-major de l'armée (1939-1945), secrétaire d'État du président Truman (1947-1949), son nom a été donné au plan américain d'aide économique à l'Europe. Le plan Marshall fut administré par l'Organisation européenne de coopération économique (OECE), à laquelle 16 États adhérèrent dès sa création.
2. Agence centrale de renseignements (espionnage, contre-espionnage, etc.) américaine placée sous l'autorité du président des États-Unis. Elle dispose d'unités militaires spéciales, les bérets verts.
3. Abréviation russe de « bureau d'information des partis communistes et ouvriers ».

Le climat sociopolitique en France est à l'image de la situation internationale caractérisée par la lutte idéologique entre le capitalisme et le communisme. Cela d'autant plus que le Parti communiste français (PCF) représentait une force politique indéniable. Aux élections de novembre 1946, par exemple, le PCF avait obtenu 28,6 % des voix. De nombreux hauts fonctionnaires français émargeaient au PCF.

L'influence du communisme était perceptible en Afrique-Occidentale française. Le PCF, à travers les Groupes d'études communistes (GEC), a apporté un appui aux différents partis qui donnèrent naissance au Rassemblement démocratique africain (RDA). Le parlement français était tripartite : on distinguait les élus du PCF, ceux de la SFIO (Section française de l'internationale ouvrière) et ceux du MRP (Mouvement républicain populaire). Les députés africains au parlement français décidèrent de se répartir dans ces différents groupes parlementaires. Dans cette répartition, quatre sur les neuf vont s'inscrire au MUR (Mouvement unifié de la résistance) qui était apparenté au groupe parlementaire communiste. C'est ce qui explique que la décision d'exclusion le 5 mai 1947 des ministres communistes du gouvernement français va être le début de l'intensification de la lutte contre le RDA en A.-O.F. où Vincent Auriol (1884-1966)[4] avait noté lors de son voyage du 20 avril au 1$^{er}$ mai 1947 les « ravages de la propagande communiste[5] ».

La reconstitution de la Haute Volta par la loi n°47-1707 du 4 septembre 1947 va être présentée comme un élément de la lutte contre le RDA[6]. Le 10 octobre 1947, on assiste au début de la grève des cheminots d'A.-O.F. qui est fortement soutenue par les communistes. Elle sera durement ressentie en Côte d'Ivoire. C'est la fin de la période du gouverneur André Latrille : il était considéré comme l'homme du RDA et avait contribué pendant la durée de ses fonctions en Côte d'Ivoire à l'application de l'esprit de Brazzaville. Le 20 février 1947, Oswald Durand est nommé gouverneur par intérim de la Côte d'Ivoire. Le 26 septembre 1947, les statuts du Parti Progressiste de la Côte d'Ivoire sont officiellement enregistrés. Deux jours plus tard, soit le 28 septembre 1947, c'est la constitution de la section ivoirienne du Rassemblement du Peuple Français[7].

---

4. Homme politique français. Socialiste, ministre des Finances du Front populaire (1936-37), il fut le premier président de la IV$^e$ République (1947-1954).
5. Georgette Elgey, *La République des illusions 1945-1951*, Paris, A. Fayard, 1969, p. 286.
6. Lire l'article de Georges Madiega, « Le rôle du R.D.A. dans la reconstruction de la colonie de Haute Volta (1947) », dans *Actes du colloque international de Yamoussoukro du 18 au 25 octobre 1986, tome 1*, Abidjan, CEDA, 1987, pp. 337-348.
7. Ce parti a été créé en avril 1947 par le général de Gaulle pour rassembler tous les Français hormis les communistes.

Ces deux partis vont s'opposer systématiquement au PDCI-RDA (Parti démocratique de Côte d'Ivoire-Rassemblement démocratique africain). Dans cette atmosphère politique hostile, le PDCI-RDA entreprit de tenir son premier congrès du 27 au 31 octobre 1947.

Le communiqué final[8], tout en nous renseignant sur l'implantation du parti (71 sections regroupant 271 000 adhérents des régions du territoire), interpella tour à tour les camarades des différentes sections de l'Afrique noire qui mènent, dans des conditions difficiles, mais dans la même foi, la lutte pour l'émancipation sociale de l'Afrique : les démocrates du monde entier, et particulièrement ceux de la France qui, devant la montée menaçante d'un fascisme qui n'ose pas dire son nom, opposent leur foi, leur dynamisme et leur union à toutes les forces d'oppression ; tous ses militants pour qu'ils ne cèdent pas face aux provocations systématiquement organisées partout en Afrique Noire, et tout spécialement en Côte d'Ivoire. Au total, l'atmosphère socio-politique en 1947 était très tendue en Côte d'Ivoire où la grève toucha cinq mille travailleurs du rail et du wharf[9]. C'est justement au cours de cette année qu'une nouvelle mission viendra au secours de la CMA au Nord du pays : il s'agit de la CBFMS.

## L'installation de la Conservative Baptist Foreign Mission Society (CBFMS) au Nord

La CBFMS est une mission originaire des États-Unis. Ses membres appartenaient tous à l'American Baptist Foreign Mission Society (ABFMS). Au cours de la Deuxième Guerre mondiale, un conflit théologique opposa les membres de cette mission qui formèrent deux courants : les « libéraux[10] » et les « conservateurs[11] ». L'ABFMS ayant refusé d'exclure de son sein ses candidats qui prônaient des idées libérales sur le plan théologique, un groupe d'églises se réunit le 16 décembre 1943 pour créer une nouvelle société missionnaire, celle des baptistes conservateurs. Elle prit le nom de Conservative Baptist Foreign Mission Society.

---

8. Il fut publié par le *Réveil* n°259 du jeudi 13 novembre 1947, p. 3.
9. *Mémorial de la Côte d'Ivoire*, vol. 3, Abidjan, Éd. Ami Abidjan, 1987, p. 27.
10. Le libéralisme théologique nie l'inspiration divine de la Bible et son autorité plénière.
11. Le conservatisme refuse les idées libérales pour s'attacher aux valeurs éternelles prises comme références immuables.

La doctrine des membres de cette nouvelle mission peut se résumer en ce conservatisme théologique exprimé pendant le conflit qui les opposa à l'autre tendance. Les baptistes « conservateurs » sont fondamentalistes[12].

La CBFMS envoya, à ses débuts en 1945, des missionnaires en Inde, au Portugal et au Congo belge. Ce furent ses principales activités avant son appel en Côte d'Ivoire.

Suite au mouvement de conversions qui a pris naissance avec Ityo Naomie en pays Djimini, l'encadrement des nouveaux convertis devenait urgent. La candidature de la CBFMS a été acceptée par la Fédération réunie à Bouaké en 1946 avec comme champ d'activité la région de Korhogo en Haute-Côte d'Ivoire. M. et Mme Welch (Robert et Irma), les premiers missionnaires de la CBFMS s'installeront en juin 1947.

Le rapport de M. Blanchard, représentant la CBFMS au conseil de la Fédération protestante de l'A.-O.F. est édifiant :

> Nos premiers missionnaires, les Welch, sont arrivés en 1947 et ont ouvert une station à Torhogo à 8 km de Korhogo. Les Palmer et les Parelius les rejoignirent. Miss Walker et moi-même sommes arrivés en 1948. En janvier 1949 les Parelius et moi vînmes à Boundiali qui est à 100 km à l'Ouest, pour commencer une nouvelle station. Notre travail était surtout parmi les Senoufo quoiqu'il y ait aussi beaucoup de Dioula dans notre région. En mai, une infirmière française vint aider notre infirmière. En décembre 1949, les Johnson et Miss Filippos arrivèrent, entre temps les Welch étaient retournés en Amérique à cause de leur santé. Nombre total (de missionnaires) sur le champ : 9, plus une infirmière française en visite. [...] Quelques-uns ont eu le désir de suivre le Seigneur, sur chaque station ; cependant il n'y a pas encore eu de baptisé[13].

Une réunion du Conseil de la Fédération protestante d'A.-O.F. eut lieu encore une fois à Bouaké du 1er au 3 février 1954. Au moins onze sociétés missionnaires protestantes étaient représentées à ces assises. L'essentiel des débats a porté sur les questions liées à la littérature et à l'imprimerie. Cela indique bien qu'on était

---

12. Né dans le contexte américain (protestant traditionaliste), le fondamentalisme est une doctrine religieuse qui est au départ une réaction aux idéaux politiques issus de la Révolution en même temps qu'à l'influence des sciences profanes sur les croyances chrétiennes. Il est caractérisé par les *Fondamentals* (points fondamentaux) définis en 1895 à la conférence de Niagara aux États-Unis.

13. Archives du DEFAP, « Rapport de la réunion du conseil de la Fédération protestante de l'A.-O.F., Ouagadougou du 21 au 23 février 1950 », p. 4.

en train de franchir une autre étape qui nécessite une autre mobilisation des forces. Les décisions suivantes prises à Bouaké peuvent l'attester. Il s'agit d'abord de la proposition d'*Envol*, un journal publié en français à Abidjan par M. Shaw. Ce projet s'est réalisé en novembre-décembre 1954. L'Africa Literacy Campaign installa une imprimerie à Abidjan avec la bénédiction de Moody Press qui était représentée par M. Kenneth Taylor. En 1955, c'est l'installation de l'Alliance Biblique Universelle à travers la British and Foreign Bible Society sur l'initiative du pasteur Roulet.

## L'installation de la Free Will Baptist Church au Nord-Est[14]

Il faut remonter à l'année 1922 pour connaître les origines de la communauté chrétienne de Koun. En effet, c'est à cette date qu'un des fils de cette localité située dans le cercle de l'Indenié se rendit en Gold Coast, entendit pour la première fois l'Évangile, se convertit à la foi chrétienne et choisit le prénom Paul. À son retour, il évangélisa son village. À sa mort, Abraham, un de ses convertis, prit la relève. C'est en 1935 que Thomas, le tout jeune responsable de la communauté chrétienne de Koun, fut informé de la présence de missionnaires à Bouaké[15]. Une lettre fut immédiatement écrite et portée à Bouaké par Noé, un des paroissiens. Il fit à pied le voyage en huit jours. Malheureusement, M. Powell était absent : il était à la conférence annuelle de la CMA qui se tint le 3 décembre 1935 à Kankan[16]. Ce n'est qu'en 1936 que M. Powell se rendra à Koun, chez les Agni Bonna. Cette première visite du missionnaire ne se bornera pas seulement à la prédication de la parole de Dieu. Il sera invité par la communauté à procéder à une cérémonie de baptêmes[17]. En juillet 1956, le pasteur Gordon Timyan introduit la Free Will Baptist Church représentée par M. et Mme Stevens dans le district de Koun. Une des résolutions de cette visite fut de contacter la mission méthodiste afin que cet espace soit transféré à la Free Will Baptist Church[18]. C'est ainsi que le 2 août 1956, le pasteur Hearle de la mission méthodiste wesleyenne abandonna

---

14. Son fondateur est Benjamin Randall (1749-1808). Le nom de Free Will Baptist Church a été donné à cette communauté par les calvinistes pour mettre l'accent sur la foi de celle-ci au libre arbitre. En effet, contrairement aux calvinistes qui prône la prédestination inconditionnelle, les Baptistes de la volonté libre sont arminiens. Ceux-ci croient que l'Homme a la liberté de choisir la grâce de Dieu ou de la rejeter.
15. Selon G. Powell, Thomas avait été informé par un des membres de la communauté tandis que W. G. Lewis affirme que l'information est venue d'un commerçant français.
16. Archives de l'A.-O.F., 2G35-8.
17. George Powell, « The Koun Church », *French West Africa Quarterly*, avril 1936, p. 2.
18. Gordon C Timyan, « The African Church comes of age », *The Alliance Weekly*, 13 août 1952, pp. 9-11.

officiellement le cercle de Bondoukou[19]. Le terrain était préparé pour la Free Will Baptist Church. Ce qui a favorisé dès le départ l'intérêt de cette société missionnaire pour la Côte d'Ivoire, c'est que dans l'assistance qu'entretenait Mme Timyan en 1955 se trouvait le directeur général de la mission baptiste libre d'Outre-mer, M. Raymond Riggs. Lors de la convention nationale de la Free Will Baptist Church en juillet 1957, il lança un appel qui tint compte de la prospection faite par le couple Stevens en compagnie des Timyan. Pour lui, il fallait trouver les moyens financiers pour bâtir « quatre stations missionnaires d'un coût de 10 000 dollars chacune et pour engager 16 missionnaires dont des médecins et des infirmiers[20] ».

Les documents de l'administration coloniale nous donnent des indications sur les activités de la Free Will Baptist Church. Le bulletin mensuel des faits politiques et sociaux mentionne la présence imminente de cette société missionnaire[21] : les renseignements collectés pour la réalisation de la carte des religions en 1957 révèle que dans le cercle de Bondoukou « le protestantisme n'est pratiquement pas représenté (et que) la création d'une mission évangélique américaine est envisagée à Gouméré[22] ». Les premiers missionnaires de la Free Will Baptist Church s'installeront à Gouméré en 1958.

**Tableau 12. La liste des missionnaires de 1957 à 1965**

| Période | Missionnaires | Champ de mission |
|---|---|---|
| **1957 – 1959** | M. et Mme Sparks, Lonnie (1958) | Gouméré |
| **1960 – 1965** | M. et Mme Jones, Bill | Koun Fao |
| | Dr. et Mme Miley, Laverne | Doropo |
| | M. et Mme Palmer, Lonnie | Laoudi Ba |
| | M. et Mme Merkh, Dan | Doropo, construction |

Source : Adapté de Samuel Kaïbio Ouattara, *Précis de l'histoire de l'Église baptiste libre en Côte d'Ivoire*, Abidjan, CEFCA 1995.

---

19. Samuel Kaïbio Ouattara, *Précis de l'histoire de l'Église baptiste libre en Côte d'Ivoire*, Abidjan, CEFCA, 1995, p. 11.
20. R. Riggs, cité par S. K. Ouattara, *Précis de l'histoire de l'Église baptiste libre en Côte d'Ivoire*, p. 11.
21. 2G57-121 C.I. Police- bulletin mensuel des faits politiques et sociaux novembre 1957.
22. *Carte des religions de l'Afrique noire : République de Côte d'Ivoire*, Paris, CHEAM, 1957.

## Quelques réalisations sociales protestantes en Côte d'Ivoire

L'école méthodiste est née dans les années 1920 pour des besoins d'évangélisation : l'enseignement était dispensé en langue locale avec des rudiments de français, sous des hangars et dans les lieux de culte, par des catéchistes formés eux-mêmes par les missionnaires. C'est en 1926 que les premières véritables écoles à cycle normal, cours préparatoires aux cours moyens, virent le jour à Abidjan-Plateau, Grand-Lahou, Grand-Bassam et Dabou. La première école d'Abidjan fut créée dans le temple d'Abidjan-Plateau en 1928[23].

En 1935, l'Église Méthodiste de Côte d'Ivoire n'avait que cinq écoles : trois écoles de garçons, Abidjan (1931), Dabou (1934) et Grand-Lahou (1929) et deux écoles de filles, Abidjan (fondée en 1928, devenue école régionale en 1933) et Dabou (1933)[24].

L'école primaire en français de la CMA à Bouaké a débuté en 1944 et c'est précisément le vendredi 21 avril qu'ont eu lieu les inscriptions. L'encadrement des premiers élèves de l'école protestante de Bouaké a été assurée dès le départ par Mme Dupont, une institutrice missionnaire française appartenant à la MBCI, l'épouse du missionnaire André Dupont en secondes noces. C'est grâce à la présence de cette dame et à sa qualification que le programme de l'école primaire en français de Bouaké sera jugé fiable et conforme aux normes.

La conférence de Bouaké en 1946 a décidé de la création d'une commission chargée de la mise sur pied d'un centre de formation des moniteurs : on parlait ainsi d'école normale. Cette commission serait composée de Mme Dupont de la CMA, de M. Harrop[25] de la WMMS et de M. Husser de la MBCI. Ces personnes appartenaient à trois missions protestantes différentes. Ce sont celles qui à cette époque étaient plus spécialement intéressées par la question scolaire en Côte d'Ivoire qui seront à l'origine du Cours normal de Daloa dont on situe les débuts en 1947.

---

23. Florentine Akabla Agoh, *La christianisation du pays ébrié de 1904 à 1960*, Abidjan, Université de Cocody, 2008, p. 283.
24. Rubin Pohor, *École et développement. La contribution de l'Église protestante de Côte d'Ivoire*, Abidjan, UCAO, 2007, p. 166.
25. Ernest Harrop, laïc anglais, professeur licencié de l'Université de Manchester est arrivé en Côte d'Ivoire en 1928. Il dut partir en France pour préparer le brevet supérieur afin d'être agréé dans l'enseignement conformément au décret de 1922. À son retour, il fut affecté en qualité de directeur de l'école primaire de garçons de Dabou de 1933 à 1949. Paul Yao Akoto, Roger Gineste, *Chroniques ivoiriennes. Cent ans d'enseignement en Côte d'Ivoire, tome 2 (1935-1960)*, Paris/Abidjan, Nathan/NEA, 1988, p. 179.

**Tableau 13. Les débuts du collège protestant de Daloa avec Marcel Husser, 1947**

| Premiers élèves du cours normal protestant | Origine |
|---|---|
| Natanaël Tokpa Vé | Man |
| Derou Bamba Benjamin | Man |
| Kouassi Loua Jonas | Lakota |
| Jean Tiécoura Dobard | Man |
| Goua Doua Goha Michel | Man |
| Sery Lazare | Gagnoa |
| Simon Kouadio | Bouaké |
| Kouadio Benoît | Bouaké |
| N'goran Etienne | Bouaké |
| Yao Koffi André | Bouaké |
| Dabakuyo Zoumbana Caleb | Mali |

De 1947 à 1951 le cours normal protestant comptait en effectif 11 élèves, tous de sexe masculin. Marcel Husser, tout en étant le directeur, assurait seul tous les cours, de la 6ᵉ à la 3ᵉ, dans une maisonnette[26].

**Tableau 14. Les directeurs du cours normal protestant de 1947 à 1966**

| Marcel Husser | 1947-1956 |
|---|---|
| André Grandjean | 1956-1957 |
| Marcel Husser | 1957-1960 |
| André Grandjean | 1960-1963 |
| Flachsmann Edwin | 1963-1966 |

Le cours normal de Daloa[27] fut rouvert le 12 janvier 1956. C'est une institution de la Mission Biblique en Côte d'Ivoire. Selon J. Decorvet, c'est « la CMA, la société la plus nombreuse de toute l'Afrique-Occidentale, [qui] s'adressa à la Mission biblique, lui demandant de rouvrir le cours normal pour instituteurs africains à Daloa dès l'automne 1955[28] ». En ce temps-là, la CMA avait quatorze moniteurs

---

26. Jean-Colbert Guenaman, *L'Église, une citadelle indestructible*, Abidjan, CPE, 2013, p. 225.
27. Le cours normal de Daloa fut ouvert pour la première fois en 1947 pour la formation des moniteurs des écoles évangéliques.
28. Decorvet, *Les matins de Dieu*, p. 223.

originaires de différentes parties de l'Afrique-Occidentale à envoyer[29]. Elle promit à la MBCI un constructeur et un soutien financier conséquent. Cette promesse fut accomplie, car cette rentrée de 1956 s'est déroulée « dans un bâtiment tout neuf construit en un temps record. Il y avait trente élèves en tout, encadrés par M. Caleb (Dabakuyo Zoumbana), venu du Soudan tandis que M. et Mme Husser en assuraient la direction[30] ».

Un document de l'administration coloniale évoque les résolutions prises par le congrès annuel de la MBCI et particulièrement la mission et l'avenir du cours normal de Daloa :

> Le congrès a envisagé la création d'un Institut supérieur évangélique en vue de la formation de missionnaires africains. Cet institut, à l'état embryonnaire, fonctionne déjà à Man sous la direction de M. Richard mais doit définitivement être édifié à Daloa où existe une école normale. Cette école normale a pour mission de former les moniteurs indispensables au programme d'extension de l'enseignement évangélique et c'est chez elle que seraient choisis les futurs pasteurs qui recevraient alors à l'Institut une formation morale plus poussée. Toutefois, le fonctionnement de ces deux établissements et la mise en œuvre du plan d'extension [...] de la mission biblique sont conditionnés à la venue de la métropole de professeurs et éducateurs qualifiés[31].

La pouponnière de Man a été fondée par la MBCI en 1947 par les soins de Mme Marguerite Bastian épouse Cornaz à partir d'Elisabeth Lié, fille de l'évangéliste Victor Lié[32] qui venait de perdre son épouse :

> Cette pouponnière avait le double objectif d'apporter un témoignage d'amour et de mettre en valeur la vie. Elle procure aux bébés et aux jeunes enfants, soins et éducation pendant quelques années avant qu'ils ne retournent en famille[33].

---

29. La CMA constatait son retard dans la formation des cadres. Cela d'autant plus qu'il était de plus en plus question de confier les responsabilités aux chrétiens africains. En ce qui concerne l'enseignement, une circulaire du 12 septembre 1953 du responsable par intérim de l'administration scolaire attirait l'attention des commandants de cercles sur le degré d'instruction insuffisant de certains moniteurs de l'enseignement privé laïc et confessionnel.
30. Decorvet, *Les matins de Dieu*.
31. Archives de l'A.-O.F.2G57-121, « Police- Bulletin mensuel des faits politiques et sociaux d'octobre 1957 ».
32. Guenaman, *L'Église, une citadelle indestructible*, p. 230.
33. *Appel Côte d'Ivoire Haïti*, octobre 2003, p. 6.

Le travail médical fut au cœur de l'expansion de l'Évangile par les Baptistes en pays senoufo. Le premier dispensaire est créé à Torogo en 1948 : en décembre 1948, Mlle Frances Walker arrive. En juin 1949, la construction d'un dispensaire est inscrite en projet. En juillet 1950, Mlle Walker achète une petite voiture pour le travail médical mobile. Le 13 novembre 1950 a lieu la cérémonie de dédicace du premier bâtiment du dispensaire. Selon Joyce Hornberger, arrivée en octobre 1951, la fréquentation du dispensaire ouvert cinq jours dans la semaine, était estimée à 25-35 malades par jour. Un natif, M. Zié, était aide-soignant. L'établissement est reconnu le 6 janvier 1959 comme dispensaire privé de la mission de Korhogo.

La deuxième œuvre médicale est le dispensaire de Niellé (1951-1954). C'est le 12 mai 1953 que débutèrent les soins avec la missionnaire Trudy Strunk. La dédicace des locaux eut lieu en novembre 1953.

L'œuvre la plus importante demeure l'hôpital baptiste de Ferkessédougou. Les travaux de construction ont commencé après l'obtention du terrain en 1952. L'équipe médicale était ainsi composée : Dr Beal, l'infirmière Evelyn Patz, MM. Mallet au laboratoire, Bazoumana Coulibaly (enregistrement des malades), Ardjuma (stérilisation du matériel), et la sœur Marie (interprétation). Après une fermeture entre 1957 et 1961, la reprise s'effectua le 2 juillet 1962 sous la conduite de deux frères médecins, les Slaters (Dwight et John).

En 1951, un orphelinat dénommé le nid est construit à Korhogo par deux infirmières (Eykerman et Walker).

## *La Croix Bleue en Côte d'Ivoire*

Un rapport de gendarmerie sur le Docteur Zinsou Émile décrit l'ampleur de l'alcoolisme en pays baoulé en particulier :

> À Bongouanou vient de s'installer le Docteur Zinsou Émile, originaire du Dahomey, ancien Sénateur qui a abandonné la politique après avoir créé la ligue antialcoolique d'A.-O.F. dont il est le président. Son cabinet médical a été inauguré le 8 mai par une brillante soirée où figurait toute la population européenne et trois sénateurs dont M. Ouezzin Coulibaly. En s'installant en pays baoulé, M. Zinsou a bien choisi son terrain de propagande antialcoolique et il aura fort à faire[34].

---

34. Archives de l'A.-O.F., 2G54-149, « Gendarmerie nationale, La situation générale 2ᵉ trimestre 1954 », pp. 6-7.

Depuis 1877, le pasteur Louis-Lucien Rochat (1848-1917) a fondé à Genève la Croix Bleue pour la lutte contre l'alcoolisme et le relèvement des buveurs. La mission méthodiste à travers le pasteur Pierre Benoît (1899-1961) contribuera à l'installation d'un centre de la Croix Bleue à Abidjan à partir de 1930.

Elle obtint son agrément le 1er avril 1955. En 1956, un comité d'action anti-alcoolique de la Côte d'Ivoire est créé avec le docteur Djessou Loubo[35]. Du 23 au 30 juillet 1956 se tint à Abidjan la première conférence internationale de lutte anti-alcoolique[36]. La Croix Bleue en Côte d'Ivoire aide ceux qui ont des problèmes avec l'alcool et autres drogues. Depuis 1972, elle dispose d'un centre de cure et de désintoxication dénommé Centre d'accueil de la Croix Bleue. Il est situé à Williamsville à Abidjan. Le centre a commencé ses activités le 8 janvier 1973 en accueillant quatre pensionnaires. De 1973 à septembre 1984, 2 002 patients ont eu à séjourner au centre d'accueil avec un taux de guérison de 78 %.

## *L'Alliance Biblique de Côte d'Ivoire (ABCI)*

Créée le 15 mars 1956 sur l'initiative du pasteur Roulet, l'Alliance Biblique est une organisation chrétienne à but non lucratif au service de toutes les Églises de Côte d'Ivoire. Elle a pour mission d'assurer une diffusion à bon escient du plus grand nombre de textes bibliques dans une langue facile à comprendre sans annotations ni commentaires doctrinaux et à un prix que l'acheteur trouve

---

35. « Loubo Djessou est admis à l'*École normale William Ponty de Gorée*, au Sénégal, puis obtient le diplôme de médecin africain à l'*École de médecine de Dakar* (1938). Tout en exerçant sa profession, il poursuit ses études générales, et obtient le baccalauréat (1945) ; il part alors à Paris, où il suit les cours des facultés de médecine et de sciences. Docteur en médecine (1949), il est également Licencié ès-sciences et ès-philosophie. De retour en Côte d'Ivoire, il exerce au cercle de Tabou puis dans le quartier populaire de Treichville, à Abidjan, où son dévouement lui vaut une grande popularité (1950-1953). Puis il fonde le cercle culturel et folklorique de la Côte d'Ivoire (1953), et préside le Comité anti-alcoolique (dès 1954) ; il est également délégué du Comité de la santé publique de la Côte d'Ivoire. Son entrée dans la vie politique date de son élection au conseil municipal de Treichville (1954), sous l'égide du Rassemblement démocratique africain (RDA). Il y siège à la commission des affaires sociales, et préside la commission d'hygiène. Élu sénateur de la Côte d'Ivoire (1955-1958), puis ministre des affaires sociales (1957-1959), il représente son pays au Sénat de la communauté africaine (1959-1961). Rattaché administrativement au groupe du RGR, il siège à la commission de la famille, et à celle des boissons. Après un mandat de député à l'Assemblée législative, il siège au Conseil économique et social (1976). Par ailleurs, il dirige une clinique à Trechville et préside le club de boxe d'Abidjan. Enfin, Augustin Djessou-Loubo est membre correspondant de la 4e section de l'*Académie des sciences d'outre-mer* ». Académie des Sciences d'Outre-mer, « DJESSOU LOUBO Augustin », https://academieoutremer.fr/academiciens/?aId=1017, consulté le 21 novembre 2023, italiques dans l'original.

36. Ludovic Bogbe, *Sevrage alcoolique au Centre d'accueil de la Croix bleue d'Abidjan*, Thèse de doctorat en Médecine, Abidjan, 1999, pp. 61-64.

abordable. Fritz Fontus et Josué Tchake Danho ont précédé à la direction Félix Guébo. Sa gestion a été marquée par l'obtention de la promotion de la structure au grade de membre à part entière de l'Alliance biblique universelle (ABU), statut qui lui donne aujourd'hui le droit de vote aux Assemblées mondiales et régionales.

## Évolution et ruptures de 1958 à 1964

### *L'autonomie de l'Église protestante CMA*

En juillet 1951, un comité provisoire de l'Église CMA en pays baoulé fut élu lors du premier rassemblement représentatif des catéchistes nationaux, des étudiants de l'école biblique et de laïques. Le pasteur Timyan rend compte de cet événement en ces termes :

> L'Église baoulé a été organisée à Bouaké... les délégués laïques et serviteurs nationaux ont rencontré les missionnaires lors d'un premier rassemblement en son genre dans l'histoire de notre œuvre en Côte d'Ivoire. Les principes généraux d'autonomie ont été posés, en commençant avec un accent nouveau sur ce que nous avions pendant des années enseigné : l'organisation de l'assemblée locale avec un conseil d'anciens choisis d'après les normes du Nouveau Testament. C'était sur ceux-ci, celui qui serait nommé principal ancien que la responsabilité était tombée. Ainsi, une plus grande équipe de direction représentant la tribu entière a été organisée dans la structure de la mission. C'était un grand jour lorsque la jeune église a choisi son premier comité et a assumé sa responsabilité légitime pour laquelle elle avait attendu si longtemps[37].

Lors de la deuxième conférence de l'Église CMA en pays baoulé qui se tint à Bouaké du 21 au 24 août 1952, six serviteurs de Dieu à plein temps et six laïques ont été choisis pour faire partie d'un comité exécutif national qui avait comme tâche l'étude des problèmes de l'Église. Le missionnaire américain Walter Arnold présida la cérémonie de Sainte Cène du dimanche après-midi assisté de quatre serviteurs de Dieu baoulé. La troisième conférence nationale de l'Église se déroula en 1953 à Bouaké. On y annonça que les Églises sont maintenant financièrement indépendantes. La 4ᵉ conférence de l'Église CMA en pays baoulé (27-30 janvier 1955) a porté sur « l'autonomie administrative basée

---

37. Gordon Timyan, « The African Church Comes of Age », *The Alliance Weekly*, 13 août 1952, p. 522.

sur l'autonomie financière »[38]. La conférence a élu le comité de l'Église qui passe de 12 à 21 membres et a surtout procédé à la consécration du pasteur Joseph Diéké Koffi[39]. C'est donc tout naturellement qu'il sera nommé en 1958 président de l'Église protestante CMA de Côte d'Ivoire. Cette autonomie sera octroyée à l'Église par la Mission sans lui donner son contenu véritable. La preuve sera faite lors de création de la Fédération évangélique de Côte d'Ivoire.

> **Joseph Diéké Koffi**
> Né vers 1916 à Lomibo (région de Bouaké), Joseph Diéké Koffi, qui n'a même pas eu l'occasion de faire des études élémentaires ordinaires[40], va jouer un grand rôle au sein de l'Église CMA à partir de sa conversion le 17 novembre 1937[41]. M. Diéké Koffi fut engagé à sa demande comme « boy » chez les Arnold qui l'emmenèrent à M'Bahiakro où il entendit pour la première fois l'évangile en 1937 : lors du culte de Noël[42], il fut touché par la prédication de la parole de Dieu apportée par N'da Koumoin Moïse. C'est quelques mois plus tard, alors qu'il était en Guinée française en compagnie des Arnold venus participer à la douzième conférence annuelle de la CMA qui s'est tenue à Kankan du 25 février au 4 mars 1938[43], qu'il va prendre l'engagement de devenir chrétien. Cela va se passer plus précisément dans la localité de Dalaba[44] à travers le ministère de Jacob Konan, serviteur d'un autre missionnaire. La circonstance était particulière car Diéké Koffi était tombé malade. Jacob Konan, qui était déjà chrétien, lui expliqua que Dieu pouvait le guérir s'il se donnait à Lui. Il pria pour lui et aussitôt Diéké Koffi fut guéri. Ayant ainsi expérimenté la puissance de Dieu, il s'engagea à servir Dieu[45] à plein temps après son baptême qui sera fait par le missionnaire Arnold.
> Source : Congrès mondial sur l'évangélisation à Berlin, 1966.

---

38. N. H. Billing, *West African Witness*, juillet 1955.
39. Walter W. Arnold, *West African Witness*, juillet 1955. Le premier pasteur de la CMA en Guinée a été consacré en 1956.
40. Il fit plus tard des études en cours du soir et d'autres cours complémentaires.
41. Cette date avancée par A. K. Kouakou, *Histoire de l'Église CMA en Côte d'Ivoire*, p. 14, doit être corrigée.
42. S'il a entendu la parole de Dieu pour la première fois à Noël 1937, il est impossible qu'il se soit converti le 17 novembre 1937. D'autant plus que A. K. Kouakou précise lui-même que Diéké Koffi « n'accepta pas le Seigneur ce soir-là ».
43. Archives de l'A.-O.F., 2G 38-27.
44. Dalaba était située dans le Fouta Djalon en Guinée et abritait le centre de repos des missionnaires de la CMA en A.-O.F.
45. Diéké Koffi explique qu'il entendit l'appel du Seigneur à travers un message de M. Roseberry qui posait la question suivante inspirée d'Esaïe 6 : Qui enverrai-je ?

En 1959, l'Église protestante évangélique CMA de Côte d'Ivoire avait à sa tête un comité central élu pour quatre ans. Il était composé des pasteurs, des évangélistes et des anciens d'églises délégués de chaque district. Il élisait le président de l'Église pour un mandat de cinq ans renouvelable. Celui-ci préside le conseil d'administration dont le rôle est la prise des décisions concernant l'église, la consécration officielle des serviteurs de Dieu et leur affectation ainsi que l'acceptation des nouveaux candidats à l'école biblique. Dès le 24 janvier 1959, M. André Yao Koffi est nommé directeur national de l'école protestante CMA. De toutes les conférences de l'église CMA en pays baoulé, celle de 1960 est à nos yeux la plus importante. Elle figure en bonne place dans les annales de la CMA : les pasteurs consacrés en 1960 lors de la 9e conférence sont Lazare Kouamé Kouassi et Marcel Diaah Kouassi. Puis en 1961, le pasteur Barthélemy Kouassi Kouassi lors de la 10e conférence[46].

### *L'installation de la Mission des Assemblées de Dieu au Sud-Est*

Des années auparavant, à travers les migrations de travail, des originaires de la Haute-Volta (actuel Burkina Faso) membres des Assemblées de Dieu étaient déjà présents en Côte d'Ivoire. Certains avaient certainement connu le pasteur américain Harold Jones de la Mission des Assemblées de Dieu de Haute Volta :

> Harold Jones est un missionnaire visionnaire qui a laissé un impact durable sur les Mossi, en particulier dans les Assemblées de Dieu du district de Koudougou. Cet impact est encore visible aujourd'hui. En ouvrant un camp de circoncision chrétienne, le missionnaire Jones a non seulement apaisé la colère des parents concernant un rite qui était si cher à la communauté, mais il a également évité le rejet des garçons par leurs pairs qui avaient connu la circoncision traditionnelle[47].

---

46. Sans auteur, cours « Histoire et Doctrine de la CMA », https://www.ebac-edu.org/images/Cours_sur_la_CMA.pdf, page consultée le 6 décembre 2023.
47. Jean-Baptiste Roamba, *Le feu brûle encore. Histoire du mouvement de pentecôte des Assemblées de Dieu au Burkina Faso*, [En ligne], Québec, Editions Inspiration Publishings, 2020, consulté le 27 mars 2022.

En 1942, Harold Jones et son épouse, de passage à Abidjan (temple protestant du plateau) et à Songon Té ont été en contact entre autres avec deux jeunes (Jacob Nandjui et Nathanaël Gbanda)[48].

En janvier 1952, Gabriel Gnaoué Gnépa, du village de Béoué (Tabou), revint guéri du Libéria grâce essentiellement à la prière des chrétiens membres de l'Église des Assemblées de Dieu à laquelle il adhère :

> La première personne à se joindre à Gnépa dans le village fut le nommé Diblo Tere Daniel, lui aussi converti au Libéria dans des circonstances similaires. Puis le nombre passa à sept dont l'épouse de Gnépa et une dame Diblo Gbolé. Cette dernière, stérile depuis des années, donna naissance par la prière à une fille. Ce qui renforça le témoignage de l'Évangile par quelques nouvelles conversions. Ce noyau va investir les villages environnants (Para, Youkou, Nigré…)[49].

En 1955, l'Église méthodiste de Côte d'Ivoire a exclu de ses rangs le pasteur abidji Moïse Adjégoua Akadjé :

> En 1956, une délégation abidji se rendit auprès des responsables de l'Église méthodiste pour connaître les raisons qui ont motivé l'exclusion d'Akadjé. Elle n'obtint pas gain de cause… Le peuple abidji se mit alors en colère. Les méthodistes décidèrent de se retirer du pays abidji… Environ cinq mille croyants méthodistes de douze villages étaient livrés à eux-mêmes. Durant la période 1955-1957, MM. Moïse Akadjé et Marcel Koffi de Katadji ont assuré la direction des cultes[50].

En 1956, Anatole Nédélec, un fonctionnaire français, membre des Assemblées de Dieu, est affecté à Abidjan (Mairie d'Adjamé). Il avait une ferme agricole à Katadji et connaissait les événements survenus en pays abidji. Il en informa le missionnaire Harold Jones, qui contacta le couple missionnaire français Dupret. Il avait servi la CMA à Bouaké en 1946-1947.

Le premier convoi missionnaire envoyé par la mission des Assemblées de Dieu (tendance française), est venu de Ouagadougou pour s'installer à Katadji[51] le 25

---

48. Laurentine Gooré Lou B., *Les Assemblées de Dieu en Côte d'Ivoire. Origines et impacts*, Abidjan, Edilis, 2020, p. 61.
49. *Ibid.*, p. 69.
50. Emmanuel Kouassi N'guessan, *Ce que j'ai vu, entendu et touché. Historique des Églises des Assemblées de Dieu de Côte d'Ivoire*, Abidjan, PBA, 2009, p. 14.
51. L'accueil à Katadji fut chaleureux. Ce sont les chrétiens de cette localité (dont une majorité était méthodiste) qui ont fait appel aux missionnaires des Assemblées de Dieu. Un institut biblique et une école primaire y ont été construits dès 1958.

juin 1958. Il était composé non seulement du missionnaire français André Brisset (1921-1991) et de son épouse Josette (1923-2004) mais aussi de missionnaires africains. Ce qui était particulier pour l'époque. Ces missionnaires originaires de la Haute Volta étaient au nombre de trois : Sondo Pouraogo, Ouedraogo Pawendtaore, Ouedraogo Pouni[52]. Un deuxième groupe missionnaire africain sera envoyé un peu plus tard. Il était composé de Bayala Jérémie, Ouedraogo Gouhila Robert, Tapsoba Payen Bernard, Ouedraogo Kouma Lévi, Ouedraogo Segoma et de la famille Yonde.

On assista à l'arrivée d'un autre pasteur français en décembre 1958 : M. Pierre Larquerre. Avec son épouse Denise, il va commencer ses activités missionnaires à Abidjan : essentiellement des réunions de prières et de guérison qui soulevèrent aussitôt la protestation des responsables méthodistes qui durent assister impuissants à la ruée de leurs fidèles vers cette nouvelle communauté. Le pasteur Moïse Akadjé fut le premier président de l'Église des Assemblées de Dieu de la mission française (1958-1961).

Composition du conseil d'administration selon l'arrêté n° 303 /I/CAB du 1er mars 1960[53] :

> Président : Pasteur Moïse Akadjé
> Vice-Président Pasteur Missionnaire A. Brisset
> Fondé de pouvoir Pierre Larquere
> Secrétaire : Catéchiste Jacques Ayo
> Secrétaire adjoint : Missionnaire Mme Josette Brisset
> Trésorier : Pasteur Missionnaire Paul Ratz
> Trésorier adjoint : Daniel Oddo

L'installation de la Mission des Assemblées de Dieu au Sud-Est de la Côte d'Ivoire mettait en cause le principe du *comity agreement*[54].

## *La constitution de la Fédération évangélique de Côte d'Ivoire*

Les organisations chrétiennes protestantes de Côte d'Ivoire présentes dans le cadre de la Fédération évangélique d'A.-O.F. et du Togo à Bamako se réunirent les 15 et 16 juin 1960, mais elles ne purent pas prendre de décision concernant leur future structure avant de consulter les Églises. Elles proposèrent une rencontre à Bouaké. Elles nommèrent M. Archie Powell de la CMA en Côte d'Ivoire comme

---

52. Issaka Flavien Tapsoba, *Églises et mouvements évangéliques au Burkina Faso 1921-1989*, Ouagadougou, 1990, p. 24.
53. Gooré, *Les Assemblées de Dieu en Côte d'Ivoire*, p. 246.
54. Voir l'Introduction du présent ouvrage.

agent de liaison afin de recueillir les questions et correspondances entre les sociétés missionnaires et Églises de Côte d'Ivoire. Cette rencontre donnera naissance à la Fédération évangélique de Côte d'Ivoire. C'est le mardi 22 novembre 1960 que fut ouverte la réunion constitutive de la Fédération évangélique de Côte d'Ivoire. Elle a pu accueillir neuf groupes différents comme participants.

Les organisations protestantes présentes à l'Assemblée générale constitutive de la Fédération évangélique de Côte d'Ivoire (1960) étaient :

| Missions et Églises | WEC, CMA, Conservative Baptist, Free Will Baptist, Mission Biblique, Méthodiste, Groupes missionnaires, Assemblées de Dieu |
|---|---|
| Autre organisation | Société biblique |

Les personnes participant à la réunion de Bouaké avaient à cœur de créer une organisation qui conserve les aspects positifs de la défunte Fédération évangélique d'A.-O.F., tout en essayant d'éviter les précédents écueils. Pour les missionnaires évangéliques, la principale source de difficultés était l'inexistence d'une base doctrinale reliant les organisations membres de la Fédération évangélique d'Afrique de l'Ouest. C'est pourquoi leur premier souci fut de doter celle-ci d'une solide confession de foi[55]. À la réunion de Bouaké, tout le monde accepta comme base la confession de foi de l'Alliance évangélique française[56]. Le premier délégué général élu fut le pasteur George Archie Powell (1928-2016), directeur de la CMA en Côte d'Ivoire, et non le président de l'Église protestante évangélique CMA de Côte d'Ivoire.

Cette Fédération a représenté l'ensemble des églises, missions et œuvres protestantes jusqu'au retrait de l'Église protestante méthodiste de Côte d'Ivoire.

Les Présidents de la FECI entre 1960 et 1993 ont été :

- Rév. Josué Danho (Église protestante méthodiste) ;
- Rév. Benoit Koulaï (UEESO) ;
- 1976-1989 : Rév. Aponi Coulibaly (AEBECI) ;
- 1989-1996 : Rév. Dr André Kouadio (CMA).

Si l'on devait citer des protestants engagés politiquement, on ne devrait pas oublier ces membres de l'Église Protestante Méthodiste qu'étaient Jérémie Gnaléga (1935-2004) et Mathieu Ekra (1917-2015).

---

55. Helen Brown, « A New Federation of Missions », *The Alliance Witness*, 22 mars 1961, p. 14.
56. Decorvet, *Les matins de Dieu*, p. 233.

Le protestant Mathieu Ekra reste pour l'histoire politique de la Côte d'Ivoire l'un des plus fidèles compagnons du Président Félix Houphouët-Boigny (1905-1993). Malgré la polémique, il est considéré comme l'un des coauteurs de l'hymne national de la Côte d'Ivoire, « l'Abidjanaise » en 1960 :

> Le spirituel fait alliance avec le temporel en Côte d'Ivoire : les abbés Coty et Pango signent la partie musicale, alors que les ministres Ekra et Bony se chargent du texte de l'Abidjanaise dont chaque mot contient une forte dose de lyrisme patriotique[57].

Un article rapporte cependant la version de l'histoire de Mgr Pierre-Marie Cotty :

> « Les paroles de l'Abidjanaise, hymne national de la République de Côte d'Ivoire, ont été écrites par moi alors que j'étais jeune prêtre dans les années 60. » C'est la révélation faite, hier dimanche 18 juillet, par l'évêque émérite de Daloa, Mgr Pierre-Marie Cotty, à l'occasion de la célébration de ses 55 ans de vie sacerdotale à la paroisse Sainte Monique du Plateau-Dokui lors de la messe de 6h et demie. Mgr Pierre-Marie Cotty, qui porte fièrement ses 84 ans, est ainsi revenu sur l'histoire du texte de l'Abidjanaise. « J'ai été ordonné prêtre en 1955 et, en 1960, la Côte d'Ivoire a eu son premier évêque. Nous étions deux prêtres ivoiriens à bénéficier d'une bourse d'études en France, quand pour la seconde fois, nous étions informés que le concours pour la composition du texte de l'hymne national était ouvert à tous et que le clergé pouvait y participer », a-t-il indiqué, la voix pleine d'émotion, devant un parterre de fidèles. « L'abbé Pango, paix à son âme, est venu me voir en disant : "J'ai la musique de l'Abidjanaise. Je vais la jouer et toi, tu vas chercher le texte." J'ai alors écrit le texte. Et à ma grande surprise, notre proposition a été retenue. Voilà comment nous avons fait notre hymne national », a-t-il déclaré. Avant de s'offusquer de la défiguration de l'histoire, dit-il, de l'hymne national. « Je déplore ce qui est arrivé par la suite. À ma grande surprise, je découvre qu'on a attribué la paternité de ce texte à Mathieu Ekra. Si on veut la paix et le développement réel dans le pays, il faut que nous soyons dans le vrai. Et il faut réparer les torts »,

---

57. Bertrand Lavaine, « L'histoire méconnue des hymnes nationaux africains », 1ᵉʳ mars 2010, https://www.rfi.fr/fr/contenu/20100301-histoire-meconnue-hymnes-nationaux-africains, consulté le 15 juin 2022. Mathieu Ekra, *Lumière sur l'Abidjanaise : l'hymne national*, Abidjan, CEDA, 2000. René Babi, *Hommage aux véritables auteurs de l'Abidjanaise*, Abidjan, Éditions Balafons.

s'est-il indigné. Avant de conclure. « Pour ce travail, j'ai été décoré par la France. Mais jamais par la Côte d'Ivoire. Je n'ai bénéficié de rien. Pas même d'une reconnaissance ». À ces mots, toute l'église devient lourde. On sent visiblement que l'évêque émérite de Daloa va fondre en larmes. Il ne peut plus continuer son discours. Et va rejoindre sa place. Le curé de la paroisse Basile Koutouan ira vers lui pour l'inviter à revenir pour la bénédiction finale[58].

## *L'introduction du mouvement des Flambeaux et Lumières en Côte d'Ivoire (Jeunesse Évangélique Africaine)*

En janvier 1959, lors d'une conférence des Éclaireurs Unionistes en France où participaient des Centrafricains, notamment Jean-Jacques Mberio, Emmanuel Lasse, Jean Kpakpa et Pierre Benane Gbaba, qui y prenaient part en qualité de Surveillants, des pratiques contraires aux enseignements bibliques ont été constatées et relevées par ces derniers.

Du 25 mars au 2 avril 1959, ces représentants ont présenté leur rapport à Paoua (Bekoro), tout en dénonçant les pratiques anti-bibliques qu'ils avaient constatées. Ils ont été appuyés par le missionnaire Donald Hocking[59] en fonction en Centrafrique, qui, de retour des États-Unis où il revenait de congé et de passage en France, avait également fait cette triste expérience.

Finalement, en décembre 1959, les pasteurs de toutes les dénominations avaient décidé de quitter le scoutisme.

À Bozoum, lors de la conférence générale qui réunissait les dénominations comme la Baptist Mid-Missions, l'Union des Églises Évangéliques des Frères, l'Église Baptiste de l'Ouest, AEB, les Pasteurs devaient réfléchir sur le devenir de la jeunesse de leurs églises. Le missionnaire Donald Hocking, qui y prenait part aussi, leur avait suggéré l'expertise de Joseph Coughlin (1919-2005), fondateur et responsable du Christian Service Brigade aux États-Unis afin de les aider dans leur réflexion. Du 20 au 25 novembre 1961 à Moundou au Tchad, lors de

---

58. Silver K. B, « Paternité de l'Abidjanaise l'hymne national ivoirien Mgr Pierre-Marie Cotty s'oppose à Mathieu Ekra », *Notre Voie* du lundi 19 juillet 2010, https://news.abidjan.net/articles/370170/, consulté le 15 juin 2022.
59. Dr Donald Hocking et son épouse Betty sont des missionnaires vétérans qui ont servi le Seigneur pendant plus de 50 ans en République centrafricaine, au Nigeria, au Tchad et au Cameroun. Ils ont implanté leur première église en 1959 et ont participé à la création de plus de 300 églises par l'intermédiaire de leurs étudiants et de deux grandes institutions de premier cycle et de cycles supérieurs. En janvier 2003, ils ont fondé la Grace Bible Mission qui cherche à atteindre, évangéliser et enseigner la Parole de Dieu aux Africains, en équipant les dirigeants pour le ministère dans les églises locales.

la première Conférence Interdénominationnelle, où participait effectivement l'expert Joseph Coughlin, la Jeunesse Évangélique Africaine (JEA) a été créée.

En 1962, Alphonse Pakendji amorça les activités des JEA à Sibut. La même année, lors de la 2ᵉ Conférence Interdénominationnelle tenue en RCA, les représentants avaient pensé, non seulement à la création du mouvement des filles, mais aussi à l'édition des manuels (grands flambeaux et grandes lumières).

En Côte d'ivoire, c'est précisément à partir de 1962 que le mouvement se mit progressivement en marche lorsque Monsieur Théodore N'guessan[60] partit à Bangui pour une formation des chefs-flambeaux. Les responsables de différentes dénominations se sont succédés à la tête du mouvement Flambeaux-Lumières.

| 1983-1989 (CMA) | Commissaire Samuel Yao Kouassi |
|---|---|
| 1989-1992 (AEECI) | Commissaire Williams Nene Bi Oue (1958-2022) |
| 1992-2006 (CMA) | Commissaire Etienne Auguste Angora |

Le premier responsable du mouvement Flambeaux-Lumières s'appelait à une certaine époque, président du comité National. Le pasteur Jean Alao, alors pasteur de l'Église AEECI et basé à Bouaflé, a assuré les fonctions de président du comité national du mouvement jusqu'en 1983, date de son départ en France. Le pasteur Jean Alao avait comme premier vice-président, le pasteur Jean Ano, et comme deuxième vice-président, le chef de troupe Samuel Kouassi Yao. Le secrétariat général était assuré par Cathy Baumann, une missionnaire suisse allemande[61].

## *La création de l'Union des Églises Évangéliques du Sud-Ouest (UEESO)*

La première assemblée générale des délégués desdites Églises à Man eut lieu du 2 au 4 janvier 1962, sous la présidence du missionnaire Paul Fune. Cette assemblée adopta à l'unanimité les statuts précédemment élaborés et soumis aux Églises locales. Puis on procéda à l'élection d'un comité de l'Union formé uniquement d'Africains et dont le Président fut M. François Bonga avec M. Benjamin Derou comme premier secrétaire général. L'UEESO-CI venait ainsi de naître.

Cette prise en charge des principales responsabilités eut pour conséquences heureuses la reconversion des mentalités. L'Église

---

60. Théodore N'guessan est le frère cadet du Rév. Dr André Kouadio. Il est enseignant à la retraite. Il est ancien de l'Église CMA de N'zuessy (Yamoussoukro).
61. Extrait du livre-témoignage « Pourquoi suis-je flambeaux ? » du Commissaire National Etienne Angora.

sut enfin que la formation des cadres était la priorité des priorités pour se suffire à elle-même. Que seul le sacrifice consenti permettait d'avoir des cadres valables[62].

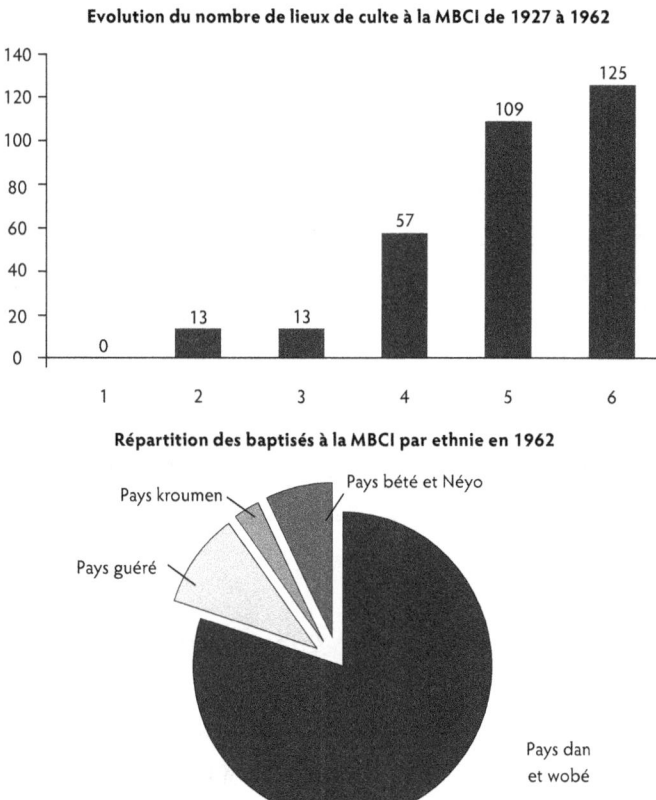

**Croissance du nombre de missionnaires et d'évangélistes de 1927 à 1962**

| Années | 1927 | 1947 | 1954 | 1956 | 1957 | 1959 | 1962 |
|---|---|---|---|---|---|---|---|
| Missionnaires | 2 | 9 | 26 | 23 | 32 | 40 | 48 |
| Pasteurs évangélistes | 0 | 10 | 32 | 38 | 38 | 34 | 34 |

Source : Adaptés de Alexis Lekpea Dea, *Évangélisation et pratique holistique de conversion en Afrique. L'Union des Églises Évangéliques Services et Œuvres de Côte d'Ivoire 1927-1982*, Abidjan, Université Félix Houphouët-Boigny, 2013, pp. 142, 149, 305.

---

62. Guenaman, *L'Église, une citadelle indestructible*, p. 141.

> **François Bonga**
> « Pionnier de l'évangélisation en pays dan et premier président de l'UEESO (1962-1966). Fils de chef, très honorable et respectable, grand de taille, imposant, autoritaire, c'était un monument... Dans le souci de gagner sa vie, il quitta Danané, sa ville natale, pour Tabou où il devint navigateur. Il entendit parler de Jésus-Christ, de son sacrifice expiatoire. Il se convertit et se mit aussitôt au service de Dieu, en accompagnant l'évangéliste Charles Jones dans ses tournées... Après son baptême d'eau en 1938, les Richard demandèrent à Charles Jones de l'envoyer à Danané. [...] Il arriva, plein de santé, de vie, de joie, de reconnaissance à Man où les Richard l'accueillirent avec chaleur. Après une formation biblique, les missionnaires allèrent l'installer à Danané. [...] Sans transition ni round d'observation, François Bonga se mit au travail. Tout seul, il parcourait, à pied, villages et hameaux, sous la pluie, sous le soleil ardent, prêchant la repentance, la conversion, l'amour de Dieu, le jugement inexorable de Dieu qui s'abattra sur le monde... »
> Source : Jean-Colbert Guenaman, *L'Église, une citadelle indestructible*, Abidjan, CPE, 2013, p. 113-115.

## *Évolution de l'Église protestante méthodiste et retrait de la Fédération évangélique de Côte d'Ivoire*

Plusieurs pasteurs ivoiriens ont été consacrés à partir de 1942, ce sont, entre autres : Rév. Martin MEL premier pasteur (1942), Rév. Samson Nandjui (février 1950), Rév Danho Josué, Rév Lasme Laurent et Rév. Dessi Ordot Benoit (janvier 1952).

Une conférence sur le thème : « L'Église dans une Afrique en pleine transformation » se tint à Ibadan (actuel Nigeria) du 10 au 20 janvier 1958. Le but était de donner aux Africains responsables d'Églises protestantes l'occasion de s'exprimer sur les problèmes de l'heure concernant l'Église. C'est en 1958 également que l'Église méthodiste en Côte d'Ivoire fut érigée en District et le premier *chairman*, le pasteur anglais Thomas Frédérick Fenton, fut chargé d'organiser l'Église.

Du 20 au 30 avril 1963, le pasteur Samson Nandjui prit part à la conférence constitutive de la Conférence des Églises de Toute l'Afrique (CETA) à Kampala en Uganda sur l'initiative du Conseil Œcuménique des Églises. Le thème de l'Assemblée était : « Christ libère et unit[63]. » L'adhésion de l'Église méthodiste à la CETA sera la principale cause de son retrait de la Fédération évangélique de Côte d'Ivoire en 1964.

En octobre 1964, le Synode du District de la Côte d'Ivoire élit, à sa tête, le pasteur ivoirien Samson Nandjui, un Ebrié, consacré depuis 1950. Il assuma cette responsabilité jusqu'en 1974. L'arrivée du pasteur Nandjui intervint au moment où la conférence méthodiste britannique accordait au district de Côte d'Ivoire une autonomie interne qui lui permit d'élire son premier chairman.

> **Samson Nandjui (1914-1989)**
> « À sa naissance en 1914, Samson fut baptisé par le prophète William Wadé Harris, à l'âge de six mois, à Jacqueville. De 1931 à 1935, il fit des études de théologie élémentaire au Séminaire protestant de Porto Novo au Dahomey. Le 20 février 1936, il se marie à Sabine Kotandjro Danho. De 1942 à 1945, il effectua des études pastorales au Séminaire protestant de Dabou en Côte d'Ivoire. Il reçut le 6 avril 1946, une attestation de la part du pasteur Ernest Partner. Le synode de la mission réunit à Abidjan du 21 au 30 janvier 1946 l'avait nommé pasteur et affecté à Jacqueville. Finalement, il fut consacré solennellement pasteur de l'Église méthodiste au temple d'Abidjan Plateau, en février 1950. Le pasteur Samson fut muté pour deux années dans la communauté méthodiste de Treichville. Après une année d'étude à la faculté de théologie protestante de Paris, il fut affecté en 1954 dans le circuit de Grand-Bassam, avec résidence à Bonoua en remplacement du pasteur Moise Akadjé. De 1954 à 1958, le ministère du pasteur Samson fut marqué par sa présence constante dans le circuit de Bassam. Mais en août 1958, il fut affecté à Abidjan où il demeura jusqu'à sa nomination. Cette période de sa vie fut marquée par les voyages de formation qu'il effectua en Angleterre en 1961. En 1963, il prit part à la conférence constitutive de la CETA à Kampala en Uganda. Il effectua également un stage à l'Institut Œcuménique de Bossey en Suisse. »
>
> Source : Florentine Agoh Akabla, « Le pasteur Samson Nandjui : premier président ivoirien du synode de l'Eglise Protestante Méthodiste en Côte d'Ivoire : 1964-1974 », *Repères, revue scientifique de l'Université de Bouaké*, vol. 1, n°1, 2011, pp. 7-51.

---

63. La deuxième assemblée aura lieu à Abidjan du 1er au 12 septembre 1969 avec comme thème « Œuvrer avec le Christ en Afrique aujourd'hui ».

# Troisième partie

# La marche des protestantismes vers la maturité

# 7

# La quête de la solidarité

« **V**ous serez mes témoins » (Ac 1.8) : tel est le mot d'ordre de la pleine responsabilité accordée pour relever les défis dans la diversité face à l'esprit de compétition, aux conflits doctrinaux, à la confusion et aux mutations dans la société. Alors que nous sommes largement dans la période post-coloniale, le tableau ci-dessous nous permet de constater une forte accélération dans la reconnaissance des associations cultuelles issues du protestantisme en Côte d'Ivoire. Si les raisons peuvent être politiques (liberté religieuse garantie par la Constitution), on ne peut minimiser la détermination des protestants qui, à travers plusieurs rencontres internationales (dont les thèmes généraux « Levons-nous et bâtissons » et « que la terre entende Sa voix »), sollicitent un élan de solidarité face aux nombreuses mutations de la société ivoirienne.

Tableau 15. Effectif et fréquence des associations cultuelles déclarées et reconnues issues du protestantisme ivoirien de 1942 à 1992

| Classe modale | 1942-1952 | 1952-1962 | 1962-1972 | 1972-1982 | 1982-1992 |
|---|---|---|---|---|---|
| Effectif | 3 | 6 | 10 | 11 | 11 |
| Fréquence | 0,73 | 1,47 | 2,46 | 2,70 | 2,70 |

Source : Adapté de Rubin Pohor, *Églises protestantes face aux mutations sociales en Côte d'Ivoire*, Saarbrücken, Éditions Universitaires Européennes, 2016, p. 51.

Les principales conditions qui facilitent l'œuvre sur tous les plans sont l'unité et la solidarité. Cette solidarité entre protestants a été durement éprouvée les années antérieures en Côte d'Ivoire avec l'installation des Assemblées de Dieu et le retrait des méthodistes de la Fédération évangélique.

Pendant cette période, qui commence en 1965, nous assistons à l'installation de plusieurs institutions interecclésiastiques. Leur vocation est d'être au service de toutes les Églises protestantes, notamment afin d'assurer l'évangélisation dans des milieux spécialisés comme les écoles et les universités.

S'il est vrai (et cela sera démontré à Berlin en 1966) qu'il y a « un seul monde, un seul Évangile, un seul devoir », il était important non seulement de participer à une institution panafricaine comme l'Association des Évangéliques d'Afrique et de Madagascar. Ceux qui sont chargés de la formation des chrétiens et de leur communiquer la vision missionnaire ont également besoin d'être formés dans un cadre approprié.

L'arrivée de Jacques Giraud en 1973 va marquer un tournant important dans l'œuvre protestante en Côte d'Ivoire. Avant cela, plusieurs serviteurs avaient répondu comme Esaïe à Dieu : « Envoie-moi. »

## La réponse à l'appel du Seigneur

« Envoie-moi » est le titre du journal de l'institut biblique de Yamoussoukro qui s'ouvrit en octobre 1965 et qui a formé les pasteurs de l'UEESO, de la CMA et de la WEC de la Côte d'Ivoire et de nombreux autres pays de l'Afrique. Il était conçu suivant le modèle des instituts biblique d'Europe et son premier directeur fut le missionnaire André Grandjean[1]. L'inauguration officielle et la dédicace du temple de Yamoussoukro (Nzuessi) eurent lieu le 20 juin 1966.

M. André Grandjean, né en 1928, nous a écrit ces lignes en nous envoyant les trois photos qui suivent :

> Cher Frère, merci pour cette photo où j'apparais. Elle me rappelle l'inauguration simultanée de L'Institut biblique pour la formation des pasteurs que j'ai dirigé de 1965 à 1971. Je vous joins ci-après d'autres photos prises le même jour : 1) le pasteur Joseph Koffi remettant la Bible à Monsieur le Président HB ; 2) la prédication du Pasteur Koffi traduit par le pasteur André Kouadio ; 3) la visite des lieux où l'on voit le Président Houphouët-Boigny avec le pasteur Koffi qui était le président des Églises CMA et, derrière, le pasteur américain Archie Powell qui présidait le Comité de l'Institut, et moi-même.

Les présidents de l'actuelle AEBECI :

- Coulibaly Bazoumana : 1965-1973 / 1996-1997.
- Coulibaly Apony : 1973-1977.
- Soro Nanga : 1977-1996.

---

1. Decorvet, *Les matins de Dieu*, p. 283.

Source : M. André Grandjean.

C'est lors de la rencontre qui s'est tenue les 12 et 13 février 1965 au centre biblique de Korhogo que la CBFMS a regroupé les Églises qui sont nées de son effort d'évangélisation en Association des Églises Baptistes du Nord (AEBN) avec comme premier président le pasteur Bazoumana Coulibaly, premier pasteur formé par la CBFMS à N'torosso au Mali de 1959 à 1963.

Les autres membres du conseil d'administration étaient :

- Vice-Président : Jean Touré (Dabakala).
- Secrétaire : Apony Coulibaly (Korhogo).
- Trésorier : Sio Coulibaly (Katiola).
- Membre : Jean Nanga Coulibaly (Boundiali).

Le premier pasteur national reste Moïse Fofana qui est venu grâce à la CMA et a exercé à Dabakala dès 1952.

L'année 1968 est celle de la reconnaissance officielle de l'AEBN par le gouvernement ivoirien. De 1973 à 1976, l'AEBN fut présidée par le pasteur Apony Coulibaly qui fut par la suite président de la FECI, d'août 1976 jusqu'à son décès en septembre 1989.

En 1976, l'AEBN devient l'Association des Églises Baptistes de Côte d'Ivoire (AEBCI) avant de devenir en 1988, l'Association des Églises Baptistes Évangéliques de Côte d'Ivoire (AEBECI).

L'Église de Pentecôte Internationale de Côte d'Ivoire (EPICI) a débuté son œuvre en Côte d'Ivoire le 18 novembre 1965. Le premier missionnaire envoyé par l'Église mère du Ghana, fut le pasteur Joseph Benjamin Archer. Le 26 mai 1966, l'Église obtient son agrément officiel.

En 1968, J. B. Archer est remplacé par le pasteur Sackey qui entre en conflit avec M. Morrison, un ancien. En 1970, le pasteur Sackey est remplacé par le pasteur Swanzy qui sera remplacé par Benjamin Arthur comme 1er apôtre de Côte d'Ivoire en 1978. L'Église va se scinder en trois :

- Pasteur Kodjo Appia va conduire l'Église Apostolique.
- L'Ancien Anotché Moussa va diriger le groupe de Bonoua. En 1979, l'Église de Pentecôte de Côte d'Ivoire (EPCI) naît avec comme leader le pasteur Yao Bio (1939-2019).
- L'apôtre Benjamin Arthur conduira le dernier groupe qui lui-même sera scindé en deux branches en 1982 : la branche du Nord-Est dirigé par le pasteur Gaston Angama et celle du Sud dirigée par le pasteur Sidiki Traoré.
- En 1984, le pasteur Gaston Angama devient apôtre en vue de régler les litiges. Le 9 septembre, l'apôtre Buenou Yao Apédo du Togo est désigné pour régler les conflits internes qui persistaient.

Ces missionnaires vont travailler à poser les fondements de l'Église et la hisser sur les voies de la croissance. Ce bel élan de croissance sera freiné de 1981 à 1989 par des troubles au sein de l'Église.

Malgré cet épisode, elle va travailler à s'implanter sur toute l'étendue de la Côte d'Ivoire. En novembre 1996, l'Église est officiellement confiée aux nationaux en vue de préparer l'autonomie. Un conseil exécutif national est mis en place composé de tous les responsables régionaux et présidé par l'apôtre Sidiki Traoré.

## Quelques institutions et œuvres para-ecclésiastiques au service du protestantisme en Côte d'Ivoire

Parmi les nombreuses institutions et groupes paraecclésiastiques qui vont contribuer au rapprochement entre protestants en Côte d'Ivoire, on peut sans se tromper citer la Ligue pour la lecture de la Bible.

1. La Ligue pour la Lecture de la Bible

> La Ligue est un mouvement international, présent dans 140 pays ; son but est de faire connaître la Bonne Nouvelle de Jésus-Christ à des personnes de tout âge et de tout milieu, en les encourageant à rencontrer Dieu chaque jour, au moyen de la Bible et de la prière, afin de les amener à une foi personnelle au Seigneur Jésus-Christ. […]
> La Ligue pour la Lecture de la Bible (LLB ou la Ligue) a commencé en 1867, dans la ville côtière de Llandudno, au Pays de Galles. Josiah Spiers, qui habitait dans cette localité, désirait ardemment que les enfants puissent entendre le message de Jésus et connaître combien Dieu les aimait. Un jour, il commença à écrire « Dieu est amour » dans le sable. Alors que les enfants s'attroupaient tout autour, il les encouragea à décorer les lettres avec des coquillages et des algues, pendant qu'il leur racontait des histoires sur Jésus[2].

En Côte d'Ivoire, où Philipe Decorvet arriva comme équipier en 1960, le premier camp eut lieu en 1962, Une édition spéciale pour l'Afrique du Lecteur de la Bible vit le jour en 1962 et, en 1964, Lucy Schwarzenbach commença un ministère fidèle de dix-huit années[3].

Voici les responsables de la LLB-CI au cours de notre période :

---

2. Ligue pour la Lecture de la Bible, « Qui sommes-nous ? », https://laligue.net/qui-nous-sommes/, consulté le 4 décembre 2023.
3. Nigel Sylvester, *La parole de Dieu dans notre monde. L'histoire de la Ligue pour la lecture de la Bible*, Guebwiller, LLB, p. 189, 190.

Au niveau de la présidence :
- Jérémie Mémé Gnalega : 1961-1984.
- Amos Koffi Boni : 1984-1994.

En 1975, le premier président du comité directeur était Théodore Kouba. Il fut remplacé par M. Jacob BRI.

Plusieurs secrétaires généraux ont dirigé la LLB-CI depuis sa naissance en Côte d'Ivoire, ce sont :
- 1961-1962 : Philippe Décorvet, 1er agent de la LLB.
- 1964-1983 : Lucy Schwarzenbach (1920-2018), Secrétaire Générale.
- 1984-1992 : Michel Kouliga Nikiema, Secrétaire Général.
- 1992-2002 : Dénis Gbamé Bessou, Secrétaire Général.

2. Le bateau « logos » et le comité Logos pour l'évangélisation.

Pierre Cadier (1917-2012) rapporte :

> J'ai été entrainé aussi, par un mouvement d'évangélisation suscité par des laïcs au moment du passage d'un bateau évangélique, le logos, plein d'européens, des Danois, Hollandais, des Anglais, qui a fait escale à Abidjan, pendant 10 jours, qui invitait la population à connaître Jésus-Christ, réunions à bord et en ville, vente de livres etc. Cela a eu un impact sur la ville. À partir de là, nous avons créé une association d'évangélisation avec les Églises dites évangéliques baptistes et assemblées de Dieu, qui commençaient à prendre de l'importance à Abidjan et on a fait des séances d'évangélisation, des formations de cadres prédicateurs laïcs, on a étudié certains sujets, par exemple la prostitution qui est catastrophique dans cette ville, des problèmes scolaires. On l'a appelé « logos » comme le bateau, et c'était mené par des laïcs. On était trois ou quatre pasteurs et la Ligue de la Lecture de la Bible était présente[4].

## L'urgence de l'évangélisation

« Un seul monde, un seul Évangile, un seul devoir » : c'était le thème du congrès mondial sur l'évangélisation à Berlin en 1966, année de l'installation de la

---

4. J. P. Sauzède (enregistré par), *Nord-Sud. A la rencontre l'un de l'autre. Parcours Pierre Cadier*, juillet 2000, p. 145, 191.

Mission baptiste méridionale en Côte d'Ivoire, de la constitution de l'Association des Évangéliques d'Afrique (AEA) et de la création du Centre de Publications Evangéliques (CPE).

En 1966, des délégués de plusieurs Églises et missions réunis à Abidjan ont décidé la création du Centre de Publications Évangéliques (CPE) qui a publié son premier titre en 1969.

> Le 25 avril 1970, le Centre de Publications Evangéliques était inauguré en présence de nombreux délégués. Construit sur une nouvelle concession en bordure de celle de la Mission Biblique, le CPE est le fruit de la collaboration de plusieurs Missions dont la CMA, la SIM, les Baptistes conservateurs, la CLC (Croisade du Livre Chrétien) et la Mission Biblique. Ce centre répond à des besoins impérieux : produire des publications à la mesure de l'Afrique francophone.
> M. et Mme Varidel en furent les premiers directeurs. Le magazine *Champion* et *L'Echo du Tam-Tam*, deux périodiques déjà très répandus en Afrique francophone, se réfugièrent sous les ailes du CPE qui abrite actuellement une imprimerie et tous les services nécessaires à une maison d'édition[5].

Le CPE est essentiellement une maison d'édition. Il publie une littérature variée à l'intention des Églises africaines et des organisations qui œuvrent parmi les Africains. Pour le fonctionnement, chaque missionnaire devait contribuer avec la somme de 100 000 francs CFA par an. Quant aux Églises, elles participaient avec les offrandes recueillies lors d'un culte de dimanche. À partir de 1970, les Églises partenaires qui donnaient leur contribution annuelle avaient droit à un délégué votant et un observateur à l'Assemblée Générale.

Le premier livre publié par un Africain fut *Un seul Sacrifice* de Kassoum Kéita en 1973.

L'Union des Églises baptistes missionnaires en Côte d'Ivoire a ses origines dans une mission de la Convention baptiste nigériane et une mission américaine de Southern Baptist Convention. Elle a été fondée en 1966, sous le nom d'Églises évangéliques baptistes méridionales en Côte d'Ivoire[6].

---

5. Decorvet, *Les matins de Dieu*, p. 298.
6. William H. Brackney, *Historical Dictionary of the Baptists*, Lanham, Rowman & Littlefield, 2021, p. 231.

**Tableau 16. Les délégués représentant la Côte d'Ivoire à Limuru en 1966**

| Missions | Missionnaires | Responsables d'églises nationales |
|---|---|---|
| CMA | G. A. Powell (Bouaké) | Joseph Koffi (Bouaké) <br> Marcel Kouassi (Dimbokro) |
| CBFMS | James E. Halbert (Korhogo) | Bazoumana Coulibaly (Ferké) |
| FWBFM | L. Harold Sparks (Bondoukou) | - |
| MBCI | Jacques Blocher (Nogent) | Benjamin Derou |

Source : Adapté de Christina Maria Breman, *The Association of Evangelicals in Africa. Its History, Organization, Members, Projects, External relations and Message*, Zoetermeer, 1996, pp. 461-472.

La Société des Missions Évangéliques de Paris a favorisé un ministère de rapprochement entre les différentes missions anglo-saxonnes et les Églises d'Afrique francophone (Fédération des Missions Protestantes d'A.-O.F. et du Togo, Fédération au Cameroun et en AEF). À l'issue de l'éclatement de ces fédérations, certaines organisations nationales ont été créées[7]. En 1962, Rév. Kenneth L. Downing fut désigné secrétaire général de l'Africa Evangelical Office (AEO) mis en place conjointement par The Interdenominational Foreign Mission Association et Evangelical Foreign Missions Association[8] face au rapide développement du mouvement œcuménique afin de développer la fraternité évangélique en Afrique. Entre mai et juin 1964, 15 conférences seront suivies par 540 dirigeants et étudiants d'écoles bibliques, 200 missionnaires de l'actuel RDC, Tchad, Nigeria, actuel Burkina Faso, Sénégal, Sierra Leone, Liberia, Côte d'Ivoire. Les sujets abordés portaient sur la base biblique de l'unité, l'autorité de la Parole de Dieu, l'histoire et les dangers du mouvement œcuménique (ou, comment l'Église a cherché à travers les siècles à préserver son unité), le rapport sur la formation et les fonctions d'une communauté évangélique, le rapport sur la communauté évangélique en Afrique et la séparation[9].

Sous l'égide de l'Office Évangélique pour l'Afrique, ce congrès qui avait réuni à Limuru (Kenya) du 29 janvier au 6 février 1966, 180 délégués représentant 24 pays d'Afrique portait sur « L'évangélisation de l'Afrique » afin de « mettre

---

7. En Côte d'Ivoire, la Fédération Evangélique est née le 22 novembre 1960 à Bouaké et a eu comme premier coordinateur le missionnaire Archie Powell de la CMA.
8. The IFMA (établie en 1917 et The EFMA (fondé en 1945 après avoir fonctionné depuis 1942 comme une commission de la National Association of Evangelicals ou NAE aux États-Unis).
9. AEO Information Bulletin, n°2, juillet 1964, p. 1.

en garde les chrétiens contre les courants qui ébranlent les fondements de l'Évangile. Au sortir de Limuru, la collaboration entre les Églises des différents pays d'Afrique s'avéra de toute première importance. C'est donc à l'unanimité que les délégués votèrent pour la création de l'Association des Évangéliques d'Afrique et de Madagascar. Jacques Blocher, qui était l'un des principaux orateurs, en donne un témoignage saisissant :

> Les délégués de ce congrès n'oublieront sans doute jamais la joie profonde qu'ils ont éprouvé dans la communion fraternelle, tandis qu'ils se découvraient tous unis dans une même foi au seigneur Jésus-Christ et dans un même désir de rester fidèles aux Saintes Écritures, seule Parole de Dieu. Ils savent tous que Limuru est désormais plus qu'un village au climat printanier. Limuru 1966 est un événement très important dans l'histoire de l'Afrique et dans l'histoire de l'Église puisque des églises comprenant sans doute plusieurs millions de chrétiens évangéliques s'y sont trouvées d'accord pour marcher désormais ensemble[10].

En ligne directe avec la rencontre de Limuru, avant la fin de l'année 1966, plusieurs leaders d'églises protestantes de Côte d'Ivoire vont prendre part au Congrès mondial sur l'évangélisation à Berlin-Ouest du 25 octobre au 4 novembre 1966.

Nous avons retrouvé avec bonheur une communication en anglais du pasteur Joseph Koffi Diéké. Nous l'avons traduite et nous la publions à la suite de la présentation suivante de la rencontre de Berlin faite par Jean-Paul Rempp :

> Suivant de quelques mois le congrès de Wheaton, le Congrès mondial sur l'évangélisation de Berlin est véritablement international : plus de 1 000 participants originaires d'une centaine de pays. Il est convoqué afin de rappeler l'urgence de la tâche de l'évangélisation sous la triple bannière : « Un seul monde, un seul Évangile, un seul devoir. »
> Face à la confusion qui règne alors autour des nouvelles définitions de la mission proposée par le COE, le congrès souhaite revenir à une vision claire de la tâche missionnaire. La définition de l'évangélisation proposée par Billy Graham est significative : il s'agit avant tout de conduire chaque homme à une relation personnelle

---

10. Michel Evan et Jacques Blocher, *J'ai cru et j'ai parlé*, préface de Billy Graham, Paris, Editions de l'Institut Biblique, 1989, p. 131.

avec Jésus-Christ, la tâche principale de l'Église étant de proclamer l'Évangile et d'amener les gens à la conversion.

La compréhension de l'évangélisation présentée à Berlin est effectivement claire. Elle intègre les éléments consensuels du congrès de Wheaton : l'autorité scripturaire, la dimension expiatoire de la mort du Christ, l'importance de la proclamation verbale du message et l'offre d'une nouvelle vie. Les conclusions du congrès témoignent de l'unité de pensée des évangéliques autour du thème central de l'évangélisation, même si certains thèmes comme la compassion sociale sont encore négligés. Malgré ses limites, le congrès de Berlin connaît un réel succès. Son impact spirituel ne sera pleinement ressenti qu'en 1974 avec le congrès de Lausanne[11].

---

11. Jean-Paul Rempp, « Le Mouvement de Lausanne : actualité et développements », https://larevuereformee.net/articlerr/n286/le-mouvement-de-lausanne-actualite-et-developpements, consulté le 4 décembre 2023.

### L'évangélisation de masse en Côte d'Ivoire
### Joseph Diéké Koffi[12]

« Allez par tout le monde, et prêchez la bonne nouvelle à toute la création. Celui qui croira et qui sera baptisé sera sauvé, mais celui qui ne croira pas sera condamné » (Mc 16.15-16, LSG). Ce passage est un commandement impératif du Seigneur. L'ordre d'aller et de prêcher s'adresse à chaque enfant de Dieu. Ce n'est pas quelque chose qui dépend de votre volonté, mais de la nécessité d'obéir à un ordre. Nous devons agir sur la base des paroles du Seigneur quel qu'en soit le prix. Selon la parole des anges aux femmes dans Matthieu 28.6-7, « Venez, voyez et allez », nous sommes témoins de ce que nous savons. Et aussi témoins de ce qui a été scellés dans nos cœurs par le Saint-Esprit à travers ce que nous avons appris dans les Écritures : cet état de choses fait de nous des disciples de Jésus. Et il a dit dans Actes 1.8 : « Et vous serez mes témoins... jusqu'aux extrémités de la terre » (LSG). C'est à nous en tant que témoins que cette mission a été confiée, et nous avons la promesse formelle du Seigneur que nous ne serons pas seuls (Mt 28.20) : « Je suis avec vous... jusqu'à la fin du monde. » Dans Jean 14.12, il ajoute que celui qui croit en Christ fera des œuvres plus grandes que celles qu'il a faites. Nous sommes des témoins qui souhaitent obéir à cet impératif ordre du Seigneur.

Voici quelques-unes des méthodes que nous utilisons en Côte d'Ivoire pour l'évangélisation de masse et par lesquelles de nombreuses âmes ont été converties à Dieu.

**Première méthode : Évangélisation par groupe et musique**

Dans 1 Corinthiens 9.13, l'apôtre Paul dit : « Je fais toutes choses à cause de l'évangile, afin que je sois co-participant avec lui » (Darby). Les Africains sont des musiciens innés. Même face à la mort, l'Africain chante et danse. Pour cette raison, très souvent les hommes et les femmes chrétiens vont en groupe (environ 20 à 30) d'un même village, et avec la permission du chef local, ils font une sorte de procession à travers le village en chantant et en jouant de l'orchestre ; puis ils vont prendre place sur la place publique. De grandes foules sont ainsi attirées par le chant. Puis la prédication commence et une telle réunion peut réunir à la fois 400 à 500 personnes et peut se terminer généralement par de nombreuses conversions. Cette méthode est la plus ancienne et la plus utilisée dans notre pays. Par cette méthode avec l'aide du Saint-Esprit, nous avons pu établir la plupart des églises locales.

---

12. Monsieur Diéké Koffi est président de l'Église protestante évangélique CMA à Bouaké, Côte d'Ivoire, Afrique.

**Deuxième méthode : l'enseignement scolaire**

Dans Luc 18.16, le Seigneur Jésus a dit : « Laissez venir à moi les petits enfants, et ne les en empêchez pas » (LSG). L'éducation scolaire est un moyen d'évangélisation. Il atteint les jeunes d'une manière directe. Nous sommes conscients que pour réussir au mieux dans un pays sous-développé comme le nôtre, la Côte d'Ivoire, il ne faut pas négliger la jeunesse. Nous avons donc créé des écoles primaires et secondaires qui permettent de réunir plusieurs enfants à la fois. Tout en leur enseignant les sciences de ce monde, nous leur enseignons à connaître notre Seigneur comme leur Sauveur personnel. Ce message est très important car nous savons que les jeunes garçons et filles que nous formons aujourd'hui seront l'Église de demain.

**Troisième méthode : camps bibliques et aumôniers scolaires**

Dans 1 Corinthiens 10.31, nous lisons ces mots : « Soit donc que vous mangiez, soit que vous buviez, [...] faites tout pour la gloire de Dieu » (LSG). Dans cette optique, nous organisons des camps bibliques d'évangélisation à la fin de chaque année scolaire ; rassemblant les jeunes des deux sexes, issus des écoles primaires et secondaires. Ce plan est très efficace. Elle nous permet d'atteindre un petit nombre de jeunes avec qui nous pouvons faire un travail de fond pour les conduire au Christ. À ce travail il faut ajouter l'aumônier de l'école. En plein accord avec les chefs d'établissement, des missionnaires ou des pasteurs sont nommés aumôniers et visitent plusieurs fois par semaine les écoles secondaires et les collèges pour prêcher aux élèves.

**Quatrième méthode : la radio**

Avec son développement, la radio est devenue un moyen universel d'évangélisation, notamment Radio ELWA de Monrovia au Libéria, qui diffuse nos messages dans toutes les langues vernaculaires ainsi qu'en français, langue officielle du pays. Avec l'entière coopération du Chef de l'Etat, le Président Félix Houphouët-Boigny, le gouvernement de la Côte d'Ivoire met à notre disposition la radio et la télévision de notre pays, permettant ainsi l'envoi de messages hebdomadaires.

**Cinquième méthode : la diffusion de la littérature chrétienne**

À cette époque, où les instruits aiment lire de nombreux romans et magazines afin d'être bien informés sur les nouvelles du monde entier, la littérature biblique joue un rôle important dans l'évangélisation.

**Sixième méthode : les films religieux**

Les films religieux sont aussi le moyen d'atteindre facilement un nombre considérable de personnes de manière très fructueuse.

> **Septième méthode : les visites de prison**
> Un travail formidable a également été entrepris parmi les prisonniers. Avec l'autorisation des autorités administratives, nous allons dans les prisons et nous prêchons librement le Christ ; de nombreuses conversions ont lieu grâce à l'aide du Seigneur parmi ces prisonniers.
> **Huitième méthode : l'évangélisation par les soins médicaux**
> L'expérience déjà acquise dans ce domaine prouve que l'un des moments les plus favorables pour qu'un homme soit facilement atteint avec l'Évangile, c'est lorsqu'il est gravement malade. C'est ainsi qu'en de nombreux endroits, des dispensaires et des hôpitaux ont été créés où l'Évangile est annoncé avec succès auprès de ceux qui souffrent dans leur corps. Si je pouvais donner un témoignage personnel, je dirais que le Seigneur m'a appelé à une connaissance de lui-même à travers la maladie. Avec l'aide de Dieu, ces méthodes donnent des résultats satisfaisants. Je vous demande de prier pour que Dieu continue à bénir ces méthodes en vue de l'avancement de l'évangélisation de la Côte d'Ivoire.

## L'état du protestantisme avant 1973

### *Le Groupe Biblique Universitaire d'Abidjan*

> Les origines d'un témoignage biblique spontané dans les universités remontent loin dans le passé. Mais ce n'est qu'à partir de 1877 à l'Université de Cambridge que quelques étudiants, poussés par le Saint-Esprit, ont convenu de se mettre ensemble pour étudier la Bible et pour partager leur foi en Jésus-Christ avec leurs camarades d'université. Des cas semblables se sont produits dans des universités célèbres des États-Unis et se sont vite propagés [...]. En 1947, des délégués de neuf mouvements nationaux formèrent à Boston aux États-Unis l'IFES (International Fellowship of Evangelical Students), entendez Union Internationale des Groupes Bibliques Universitaires (UIGBU). [...] En Afrique Francophone, le GBU de Suisse romande a pris l'initiative, en 1964, d'envoyer Louis Perret pour mettre sur pied des groupes bibliques dans les universités de la région. Ainsi, il a commencé à Dakar en 1965 puis à Abidjan en 1966[13].

---

13. GBUAF, « L'histoire des GBU », https://gbuaf.org/les-gbuaf/lhistoire-des-gbu/, consulté le 4 décembre 2023.

Le groupe d'Abidjan fut créé un an après grâce au travail du pasteur Alastair Kennedy (missionnaire de la WEC).

En 1968, un congrès d'une quinzaine d'étudiants a eu lieu à Abidjan. Le mouvement panafricain GBUAF (Groupes Bibliques Universitaires d'Afrique Francophone) est né avec comme premier Secrétaire Régional Alastair Kennedy[14].

Les GBUAF, après leur création en 1970, auront pour siège Abidjan.

**Tableau 17. L'éventail religieux de la Côte d'Ivoire en 1970**

| Groupes religieux | Chiffres | Pourcentage |
|---|---|---|
| Musulmans | 1 000 000 | 22 % |
| Animistes | 2 500 000 | 54 % |
| Renouveaux nativistes | 400 000 | 9 % |
| Harristes | 40 000 | 1 % |
| Catholiques | 540 000 | 12 % |
| Protestants | 100 000 | 2 % |
| Total | 4 580 000 | 100 % |

Source : Adapté de Charles Daniel Maire, *Dynamisme sociale des mutations religieuses. Expansion des protestantismes en Côte d'Ivoire*, Paris-Sorbonne, Ecole Pratique des Hautes Etudes, 1975, p. 20.

En 1972, les GBUAF sont admis comme membre affilié de l'IFES lors du Congrès International de l'IFES à Mittersill en Autriche. En 1975, lors du 4e congrès à Yaoundé, Isaac Zokoué, un centrafricain, devient Secrétaire Régional. Il fit un travail remarquable de pionnier. Au cours du 6e Congrès à Bingerville, en 1981, Solomon Andria de Madagascar, devient Secrétaire Régional des GBUAF Il continua le travail de son prédécesseur. Il sera suivi de Daniel Bourdanné, de1993 à 2006[15].

**Tableau 18. Les Secrétaires Généraux des GBUAF de 1975 à 1993**

| 1975-1981 | Professeur Isaac Zokoué (1944-2014) |
|---|---|
| 1981-1993 | Professeur Solomon Andria (1950- ) |
| 1993-2006 | Dr Daniel Bourdanné (1962- ) |

---

14. *Ibid.*
15. *Ibid.*

## *La direction nationale de l'enseignement protestant*

L'Enseignement Protestant Évangélique de Côte d'Ivoire est une association cultuelle fondée par l'action concertée de quatre Églises en 1968[16]. Les Églises fondatrices étaient les suivantes :

- Alliance des Églises Protestantes Évangéliques du Centre-Ouest de la Côte d'Ivoire qui devint en 1984 Alliance des Églises Évangéliques de Côte d'Ivoire (AEECI).
- Église Protestante Méthodiste de Côte d'Ivoire.
- Église Protestante du Centre devenue Église Protestante Évangélique de l'Alliance Chrétienne (CMA).
- Union des Églises Évangéliques du Sud-Ouest, devenue Union des Églises Évangéliques Services et Œuvres de Côte d'Ivoire (UEESO-CI).

Le 20 février 1974, une convention collective est conclue entre l'État ivoirien et l'Enseignement confessionnel catholique ou protestant concernant les établissements primaires et secondaires. Ceux-ci sont considérées comme des entreprises à but non lucratif reconnue d'utilité publique[17].

**Tableau 19. Les directeurs de l'Enseignement Protestant Évangélique de Côte d'Ivoire (1968-1993)**

| Titulaire | Période |
| --- | --- |
| Dr Charles Bertin Aka LEGBEDJI (1934-2022) | 1968-1984 L'Église Méthodiste institua la Direction Centrale des Écoles Méthodistes (DCEM) qui devint en 1993 la Direction Générale des Écoles Méthodistes (DGEM)[18]. |
| Paul Michel MONGUEI | 1984-1989. |
| David Kouassi Kanga | 1990-2010. 2 avril 1992 : convention entre le gouvernement ivoirien et l'enseignement confessionnel[19]. |

---

16. Enseignement Protestant Évangélique de Côte d'Ivoire, http://epecidg.com/presentation/, page consultée le 31 décembre 2021.
17. R. Pohor, *École et Développement. Contribution de l'Église protestante de Côte d'Ivoire*, Abidjan, UCAO, 2007, p. 51.
18. Notre histoire https://dgem.ci/presentation, page consultée le 31 décembre 2021.
19. R. Pohor, *Ecole et Développement*, p. 56.

> **Moussa Diakité, un des pionniers de la musique chrétienne en Côte d'Ivoire**
>
> Diakité Moussa est né en 1951 à Ferkessédougou. Il y fait l'école primaire de 1958 à 1964, ses études secondaires de 1964 à 1968 au Lycée Municipal de Bouaké (en classes de latin) et pastorales à l'Institut de Théologie de 1968 1973 à Yamoussoukro.
>
> En 1972, il mena une carrière de cinéma comme acteur du film *Suzanne* et auteur et compositeur de la musique du film *Suzanne*. En 1973, il suit une formation musicale au Conservatoire d'Abidjan (solfège trompette, guitare). Il doit ensuite accomplir le devoir militaire de 1974 à 1977 au 3e Bataillon de Bouaké.
>
> Pasteur de l'Église baptiste évangélique de Ferkessédougou depuis 1978, il occupera les responsabilités de Vice-Président de l'AEBECI de 1985 à 1992 et de membre du comité directeur du CPE de 1986 à 1992. Il contribua avec satisfaction à la traduction du Nouveau Testament en Jula de 1985 à 1993 et est responsable de la traduction de la Bible en Jula depuis 1993.
>
> Professeur à l'Institut Biblique Béthel depuis 1988, il en a été le directeur de 1995 à 2000. Il est professeur d'Herméneutique au Centre évangélique de formation en communication d'Abidjan depuis 1999.
>
> Il a été membre du Bureau Directeur du Centre de Publication Évangélique (CPE) de 1986 à 1992. Il est auteur de deux ouvrages : *Contes de chez nous* et *Lire et comprendre la Bible*.
>
> Source : Célestin Kouassi, d'après le CV de Moussa Diakité.

# 8

# La terre entière entendra sa voix

Une page importante de l'histoire du protestantisme va être écrite grâce au prodigieux ministère du pasteur Jacques Giraud à Abidjan en 1973.

Né en 1931 dans le sud de la France, Jacques Giraud a travaillé un moment dans l'hôtellerie[1]. C'est à l'âge de 19 ans qu'il se convertit au protestantisme, après avoir été guéri miraculeusement de problèmes liés aux os et d'une dépression nerveuse[2]. Jacques Giraud commença le ministère pastoral à l'âge de 23 ans. Il a parcouru pas moins de 25 pays[3] dont la Nouvelle-Calédonie, Djibouti… et l'Algérie où il resta 10 ans comme missionnaire. Il est décrit comme un homme petit, de forte carrure, et qui n'avait rien du physique d'un prophète […][4].

## La campagne de Jacques Giraud (1973)

C'est de la Guadeloupe où il était missionnaire des Assemblées de Dieu (AD) en 1973 que Jacques Giraud vient en Côte d'Ivoire et il devait se rendre au Gabon[5]. C'est à l'occasion de l'inauguration du nouveau Temple des Assemblées de Dieu d'Adjamé que Giraud, sur invitation du couple missionnaire Larquere, arriva en Côte d'Ivoire. Le couple Larquere a acquis un terrain puis a bâti un nouveau temple de 1 000 places (église AD Adjamé actuelle, en face de la gare routière).

---

1. J. Kouamé, dans *Ivoire Dimanche* du 20 mai 1973, p. 6.
2. *Fraternité Matin* du 5 et 6 mai 1975.
3. *Ibid.*
4. C.-D. Maire, *Dynamique sociale des mutations religieuses. Expansion des protestantismes en Côte d'Ivoire*, Paris, Ecole Pratique des Hautes Etudes, juin 1975, p. 220.
5. J. Kouamé, dans *Ivoire Dimanche* du 20 mai 1973, p. 6.

Arrivé en mars 1973, la campagne se déroula d'abord dans les régions de Sikensi et de Tiassalé[6], Gomon... Malgré quelques conversions et guérisons, cette tournée ne connut pas pour autant un grand retentissement. Cependant, après sa première évangélisation à Adjamé le 12 avril 1973, le nouveau temple va être pris d'assaut par la population. En effet, la nouvelle de la guérison de paralysie d'un libanais du nom de Hussein[7] envahit toute la ville. Ainsi donc, les populations y accoururent en masse avec leurs malades. Le temple, sa cour et mêmes les rues adjacentes devinrent successivement trop exiguës vu le monde qu'il avait rassemblé. De 400, on est passé à 600 puis à 10 000 personnes vers la fin de la deuxième semaine. Il fallait donc un espace plus adapté. Avec l'accord des autorités politiques, notamment avec l'implication personnelle du Président Félix Houphouët-Boigny (qui reçut le pasteur Giraud à dîner), les compétions sportives furent annulées et le stade Champroux de Marcory cédé pour la suite de la campagne du 30 avril à juin 1973. Dès lors, une foule immense de gens de toutes les couches sociales d'Abidjan, de l'intérieur du pays et même des pays voisins comme le Burkina-Faso, la Guinée, le Liberia... se pressèrent au stade Champroux. Giraud prêcha à environ 25 000 voire 35 000 ou encore 38 000 personnes par jour pendant plus de 3 semaines à raison de 2 rencontres par jour. Tout ce qu'Abidjan connaissait d'aveugles, de boiteux, de sourds... de personnalités, les curieux s'amassèrent sur la pelouse et sur les gradins du stade Champroux. Selon même un témoignage : la puissance de Dieu se manifesta de telle manière que même une clinique de la place n'hésita pas à convoyer certains de ses malades par ambulance sur les lieux. À Abidjan, Il était quasi impossible d'engager une discussion dans les cafés, magasins... sans évoquer le nom de Jacques Giraud, que certains appelait « le guérisseur ». « Le premier service de baptême eut lieu le 14 juin 1973 dans la forêt du Banco[8]. »

Sur insistance de certaines personnalités politiques (ministres, députés, maires), Jacques Giraud se rendit en juin à Bouaké, Dimbokro, Toumodi où il fit stade comble. Épuisé, le pasteur Giraud se rendit en France en Juillet. Trois mois plus tard, c'est-à-dire en octobre 1973, il entama un nouveau périple à l'intérieur du pays : Saioua, Duékoué, Tiassalé, N'douci, Daloa, Divo, Motobé... jusqu'au 10 décembre.

---

6. N'guessan Kouassi, *Ce que j'ai vu, entendu et touché*, p. 55.
7. Il était très bien connu dans le milieu sportif car il a été président du boxing club de Treichville.
8. N'guessan Kouassi, *Ce que j'ai vu, entendu et touché*, p. 59. Gooré, *Les Assemblées de Dieu en Côte d'Ivoire*, p. 86, parle du 3 juin tandis qu'Aimé Achi Adopo, *Une vie de Pasteur. La vie et l'oeuvre de l'homme*, Abidjan, CPE, 2015, p. 140, soutient avec le pasteur Adama Ouéraogo qu'il s'agit du 6 juin.

L'impact du ministère de Jacques Giraud en Côte d'Ivoire fut très grand. Le tableau ci-dessous nous donne quelques chiffres pour nous situer.

**Tableau 20. L'impact du ministère de Jacques Giraud**

| Églises | Régions touchées | Nouveaux villages | Conversions | Baptisés |
|---|---|---|---|---|
| CMA | Toumodi | 81 | 677 | 250 |
| | Bouaké | 72 | 2 500 | 646 |
| | Yamoussoukro | 26 | 800 | 355 |
| | Dimbokro | 75 | 475 | 375 |
| UEESO | Daloa | 12 | 1 500 | 829 |
| | Man | 21 | 2 000 | |
| | Danané | 10 | 900 | |
| | Guiglo-Duékoué | | 250 | |
| | Saïoua | | 400 | |
| AD | Abidjan | | 3 000 | 1 500 |
| | Lakota, Divo N'Douci | | | |
| WEC | Zuenoula, Vavoua | | 50 | |
| Total présumé | | 320 | 16 000 | 6 000 |

Source : Adapté de C.-D. Maire, *Dynamique sociale des mutations religieuses*, Paris, Ecole Pratique des Hautes Etudes, juin 1975, p. 24.

Quelques faits importants sont à noter concernant l'expansion de l'Église des Assemblées de Dieu de Côte d'Ivoire. Le 1er mai 1979, l'A.G. d'Agboville a permis la mise en place d'un bureau national unique présidé par N'Guessan Kouassi Emmanuel[9]. Plusieurs conventions vont se tenir :

**Tableau 21. Les conventions nationales des AD (1979 à 1993)**

| Année | Lieu | Président | Orateur principal |
|---|---|---|---|
| 1979 | Katadji | N'guessan Emmanuel | Daniel Pasgo |
| 1981 | Gagnoa | Marcel Koffi | Médo Ouédraogo |
| 1983 | Man | Golé Michel | Daniel Hébert |
| 1985 | Abengourou | Affran Léon | Yao Jean Liga |
| 1989 | Bouaké | Yakayoro Pierre | Honoré Daplex |
| 1991 | Korhogo | Kouaï Rosselyn | Gnanchou Désiré |
| 1993 | Abidjan | Kouaï Rosselyn | Silvano Lili |

Source : Emmanuel N'guessan Kouassi, *Ce que j'ai vu, entendu et touché*, Abidjan, PBA, 2009, pp. 67-70.

---

9. N'guessan Kouassi, *Ce que j'ai vu, entendu et touché*, p. 67.

En 1981, ce fut l'acceptation de la demande d'adhésion du pasteur Lévi Kaboré des AD de Vavoua. La cinquième conférence panafricaine de l'Église des Assemblées de Dieu fut organisée à Yamoussoukro autour du thème « que ton règne vienne ! » (29 août - 4 septembre 1984).

Du 16 au 25 juillet 1974, le président Apony Coulibaly prend part avec 2 700 autres dirigeants chrétiens évangéliques au premier congrès international sur l'Evangélisation du monde à Lausanne en Suisse sur le thème « Que la terre entende sa voix » :

> Nous, membres de l'Église de Jésus-Christ, venant de plus de 150 nations, participants du Congrès de Lausanne, louons Dieu pour son salut merveilleux [...] Nous sommes profondément touchés de ce que Dieu accomplit aujourd'hui. Nous sommes poussés à nous repentir de nos manquements et stimulés par la tâche qui nous reste à accomplir dans le domaine de l'évangélisation. Nous croyons que l'Évangile est la Bonne Nouvelle de Dieu pour le monde entier. Avec l'aide de sa grâce, nous sommes décidés à obéir au commandement du Christ : proclamer cet Évangile à l'humanité entière et faire de toutes les nations des disciples. C'est pourquoi nous désirons affirmer notre foi et notre résolution et rendre public notre engagement[10].

## Les activités de Campus pour Christ et de Jeunesse en Mission en Côte d'Ivoire

### *Campus pour Christ (1975)*

> Cyrus et Diane Farmer font partie du personnel de Campus pour Christ. Ils ont rejoint le personnel en 1973 et ont passé leurs deux premières années au Libéria à enseigner dans une école et à exercer un ministère religieux. Puis ils ont déménagé en Côte d'Ivoire en 1976 pour rejoindre un couple canadien qui lançait le ministère en Afrique de l'Ouest francophone. [...] Cyrus partage les premières impressions :
> « [...] Campus pour Christ n'avait pas de personnel ivoirien en 1984, seulement une poignée d'Américains s'appuyant sur le ministère

---

10. Introduction de la Déclaration de Lausanne 1974, https://lausanne.org/fr/mediatheque/covenant/la-declaration-de-lausanne, page consultée le 10 janvier 2023.

qui avait commencé en 1975. Ceux qui nous ont succédé ont fait un travail incroyable en formant des étudiants et d'autres personnes aux compétences du ministère. Campus pour Christ compte maintenant de nombreux employés ivoiriens à plein temps ainsi que des associés et des bénévoles. Il existe des ministères auprès des étudiants universitaires, des athlètes, des femmes, des églises et des militaires. Ils continuent à utiliser le film de Jésus dans de nombreuses langues et ont commencé à utiliser Internet pour atteindre les gens avec l'évangile.

Nous avons eu la joie de voir par nous-mêmes à quel point l'Église a grandi partout. Il y a très peu de missionnaires étrangers maintenant. Depuis le début en 1975, Campus pour Christ a travaillé main dans la main avec des pasteurs et des églises de nombreuses confessions et s'est engagé à aider les croyants à s'intégrer dans les églises enseignant la Bible. Lors de la célébration, de nombreux pasteurs ont partagé comment Dieu avait utilisé ce ministère pour renforcer leurs églises et les aider à grandir en donnant une formation à l'évangélisation et à la formation de disciples et en utilisant le film Jésus. »

Cyrus a passé la majorité de son temps au cours de nos 8 années à travailler avec des étudiants et des églises à faire de la formation à l'évangélisation et finalement à aider les églises locales à collaborer et à préparer deux campagnes à l'échelle de la ville en utilisant de nombreux moyens d'évangélisation, notamment le témoignage personnel et le film Jésus.

Pendant sept ans, Cyrus a également passé de très nombreuses heures à se rendre à plusieurs reprises dans de nombreux bureaux administratifs pour essayer de faire approuver Campus pour Christ par le gouvernement en tant que ministère officiel. C'était important si le travail devait se poursuivre. Cyrus a reçu le papier officiel juste avant de quitter la Côte d'Ivoire en 1984 ![11]

---

11. Agape Europe, « God's faithfulness through 30 years », https://agapeeurope.org/stories/gods-faithfulness-through-30-years, [traduction libre], page consultée le 8 juin 2022.

## *La Jeunesse en Mission (JEM) de 1975 à 1993*

JEM est un mouvement missionnaire qui est né en 1960 aux États-Unis à la suite d'une vision reçue par un étudiant pasteur de 21 ans, Lorren Cunningham, alors en tournée musicale aux Bahamas en 1956. Les premiers pas de JEM en Côte d'Ivoire ont été possibles grâce au missionnaire Joe Portale. C'est en 1975 qu'il conduisit une première mission en direction de l'Afrique de l'ouest en passant par l'Afrique du nord. Son équipe était constituée de 48 personnes à bord de huit véhicules. Une fois en Afrique de l'ouest, une équipe de 19 personnes prit la direction du Nigéria, une autre de dix personnes prit la direction du Ghana et l'équipe de Joe Portale, forte de 19 personnes explora les régions de Haute Volta, Côte d'Ivoire, Mali et Sénégal.

En 1976, Joe Portale, à la tête d'une équipe de 19 personnes prit à nouveau la direction de la Côte d'Ivoire après la traversée du Sahara. Ils furent rejoints en chemin par des étudiants et du personnel de l'école de JEM d'Allemagne. Le 4 mars 1976, l'équipe arriva enfin à Abidjan après deux mois de voyage. Ils furent rejoints à Abidjan par André Sivager et la famille de Joe Portale. Le mois suivant, André Sivager conduisit une équipe à l'intérieur du pays. Pendant ce temps, Joe Potale, aidé par le missionnaire Charles Daniel, trouva deux maisons encore en construction dans le petit village de pêcheur de M'pouto afin d'y loger l'équipe permanente de JEM composée de cinq personnes et d'y créer ainsi le premier centre de la sous-région. JEM put ouvrir, en octobre 1977, la première école de JEM pour l'Afrique de l'ouest à M'pouto. Les premiers élèves furent Isaac Berthé et Lamine Dembélé issus de la communauté chrétienne bambara de M'pouto. En 1978, Isaac Berthé et Lamine Dembélé firent une première phase pratique en Côte d'Ivoire et au Mali en compagnie d'une équipe d'au moins 20 chrétiens venus d'Europe et une autre phase pratique au Burkina Faso en 1979. Les membres de JEM ont équipé l'infirmerie à M'pouto et l'ont fait fonctionner jusqu'à la fermeture du centre en 1981. La Côte d'Ivoire a continué de recevoir les équipes de Suisse pour des évangélisations jusqu'en 1984.

En formation à l'institut Maranatha, Isaac Berthé utilisa son planning pour participer aux activités de JEM en Côte d'Ivoire et aux rencontres à Lausanne, à Paris et aux services d'été. En 1986, il participa à une conférence stratégique de JEM, section francophone en Suisse, qui permit de réorienter la mission sur l'Afrique. En 1988, il prit part à Leadership Training School formation diplômante de trois mois des membres actifs de JEM à Amsterdam. En Côte d'Ivoire, il participa à l'organisation des services d'été et à toutes les missions d'évangélisation dans le pays.

C'est en 1985 que la Côte d'Ivoire, à Bouaké, fit sa première expérience du service d'été. On comptait au moins 120 participants dont 60 Européens et Américains et 60 Ivoiriens.

L'Anastasis qui signifie en grec « résurrection », navire acheté en 1978 grâce aux fonds de JEM arriva en Côte d'Ivoire le 15 novembre 1991 et quitta le port le 29 janvier 1992 après plusieurs interventions chirurgicales dans le domaine ophtalmologique et de la reconstruction faciale. En outre, les ingénieurs en bâtiment du navire ont construit pour le compte de la maternité d'Abobo Sud deux blocs opératoires. Ils ont également aidé à la construction de l'école primaire fraternité chrétienne évangélique de Yopougon. Ils ont équipé le cabinet dentaire du centre Bethesda de Yopougon et ont aidé à la réhabilitation de l'église CMA de Williamsville.

Un deuxième service d'été se tint également à Bingerville en 1992 avec au moins 250 participants dont 50 Européens et Américains. C'est au cours de ce service d'été que Kouadio Amoin Yvonne débuta le ministère « les Fabricants de Joie » en Côte d'Ivoire.

En 1993, le pasteur Berthé avec l'aide de certains volontaires comme Nathan Bayoro organisa le départ des jeunes chrétiens au service d'été de Cotonou[12].

## L'AEAM à Bouaké

Quelques mois après la tenue de l'Assemblée Panafricaine des Responsables Chrétiens ou APARC (PACLA en anglais) du 9 au 19 décembre 1976 à Nairobi, 737 délégués venant de tous les pays d'Afrique sauf la Guinée équatoriale et le Niger il s'est tenu du 28 juillet au 3 août 1977, la 3e Assemblée Générale de l'AEAM à Bouaké avec comme président du comité d'organisation, Jim Halbert,

---

12. Akabla Florentine Agoh épse Kouassi, « Le mouvement missionnaire "Jeunesse en Mission" en Côte-d'Ivoire de 1975 à 1996 », Université d'Abamey Calavi, Annales de la Faculté des Lettres, Arts et Sciences Humaines n°22, vol. 3 décembre 2016, p. 29-47.

missionnaire de la CBFMS en Côte d'Ivoire sur le thème « La famille chrétienne »[13]. À l'ouverture, le président de l'AEAM Samuel Olusegun Odunaike (1934-1991) s'adressa aux 305 délégués et participants (175 originaires de 32 pays d'Afrique et 130 expatriés) en ces termes :

> Cependant, rien ne pouvait être plus pertinent aujourd'hui que le foyer chrétien. Il est le fondement de la nation – l'expression des valeurs culturelles, politiques et sociales d'un peuple, et la pièce maîtresse de Dieu pour l'évangélisation, la renaissance et le réveil. Que cette assemblée bascule la pendule de la famille chrétienne africaine vers le cœur de Dieu.

Le programme était composé d'études bibliques soigneusement élaborées, mettant en évidence les grands principes de la vie familiale dans un foyer chrétien, y compris la relation entre mari et femme, et l'éducation des enfants, etc.[14]. La partie suivante de la matinée était constituée de messages : croissance de l'Église ; Salut et éducation des enfants dans les familles chrétiennes ; questions contemporaines et avenir des évangéliques en Afrique. La dernière partie de la matinée était consacrée à des séminaires sur la famille, animés par le célèbre Rév. Walter A. Trobish (1923-1979), l'auteur de *I Love a Girl*, avec Jean et Ernestine Banyolak[15], conseillers conjugaux originaires du Cameroun[16]. Les autres orateurs ayant traité le thème de la famille chrétienne sont Kassoum Kéita, Dirinda Marini-Bodho, Gottfried Osei Mensah[17], Isaac Simbiri, Tite Tiénou, Isaac Zokoué.

---

13. Voir Christina Maria Breman, *The Association of Evangelicals in Africa. Its history, organization, members, projects, external relations and message*, Zoetermeer, Boekencentrum, 1996, pp. 70-74.

14. Ces études bibliques sur la famille chrétienne préparées par la Commission de l'éducation chrétienne ont ensuite été publiées par le Mouvement évangélique de Zambie.

15. Les écrits de Jean Banyolak : *Better is Your Love Than Wine (Ton amour vaut mieux que le vin)*, 1971, « un point de vue protestant sur l'éducation sexuelle », dans *Education sexuelle en Afrique tropicale*, Séminaire interafricain à Bamako du 16 au 25 avril 1973 sous les auspices du Ministère de l'Éducation nationale de la République du Mali en collaboration avec le Service Quaker (American Friends Service Committee), pp. 80-85 ; *Mon mari gaspille l'argent de notre famille*, 1978.

16. Daniel Kyanda disait : « Cette équipe a beaucoup à offrir non seulement en Afrique, mais aussi ailleurs. Un fait plus encourageant que leur vision pour la famille chrétienne, qui a commencé en Afrique et a été essentiellement destinée à l'Afrique, a maintenant gagné l'acceptabilité et la pertinence dans le monde entier... Comme la pression sur l'Église augmente partout en Afrique, la famille deviendra inévitablement importante dans la vie de l'Église... La famille élargie en Afrique pourrait être une puissante force d'évangélisation et de croissance de l'Église. »

17. Une discussion sur la polygamie a continué tard dans la nuit en dortoir après la question posée par Gottfried Osei-Mensah, un Ghanéen qui est le secrétaire exécutif du Comité de Lausanne pour l'évangélisation du monde, sur la pratique qui consiste à exclure du baptême

> Le résultat le plus important de l'ensemble de la conférence a été la Déclaration sur la famille chrétienne qui est un document soigneusement pensé à la manière de la Déclaration de Lausanne. Le message de base est qu'un pays chrétien, ou tout autre pays d'ailleurs, n'est pas plus fort que les familles qui composent ce pays. La Déclaration est biblique, contemporaine et avait une saveur africaine, il est le reflet des principes qui sous-tendent la sainteté du foyer chrétien et devrait servir de cadre de référence pour les chrétiens sincères. À une époque où la vie de famille se désagrège, il a été réconfortant de voir une déclaration claire sur la famille chrétienne.

La Déclaration contient également un passage sur une pratique sociale répandue en Afrique qui sépare les enfants de leurs parents. Le pasteur Tite Tiénou a traité ce sujet et ses idées ont été prises en compte dans la Déclaration :

> Nous croyons que la pratique qui consiste à confier des enfants à des parents pour l'éducation (ou en les laissant seuls sous la garde d'autres personnes à la maison tous les jours) devrait être, dans la prière, plus examinée par les parents à la lumière de leur responsabilité qui est d'élever les enfants dans la crainte et l'amour de la Seigneur (Ephésiens 6.4)[18].

L'Assemblée a proclamé l'année 1978 comme « l'année de la famille chrétienne pour l'Église de Jésus-Christ en Afrique ».

C'est à Bouaké que Bangui fut choisie pour abriter la Faculté de Théologie Évangélique : le président Joseph Diéké Koffi avait plaidé pour que cette institution soit localisée à Bouaké. Il avait compris longtemps à l'avance l'importance d'une faculté de théologie[19]. Tokunboh Adeyemo (1944-2010) y a été également désigné comme secrétaire général de l'AEA (1978-2002) et Tite Tiénou comme Secrétaire exécutif de la commission théologique[20].

---

un polygame qui est devenu un vrai croyant. L'adresse d'Osei-Mensah ne tolère pas la polygamie et certains qui lui répondaient sont pour que des méthodes autres que l'exclusion du baptême soient trouvées pour mettre l'accent sur le côté négatif de la polygamie.

18. *Afroscope*, n° 13, octobre 1977, p. 6.
19. Il réalisera en partie son rêve lorsqu'en 1980, le pasteur Kouakou Kouadio André soutiendra sa thèse de doctorat de 3e cycle sur les ministères dans les Églises protestantes d'Afrique francophone (Faculté de Théologie protestante de Strasbourg).
20. *Christianity Today*, 26 août 1977, p. 38 (1224).

## Le début du ministère des Églises mennonites auprès des Harristes en Côte d'Ivoire (1979)

Le Musée protestant rapporte les origines des Églises mennonites : « Alors que les luthériens se réclament de Luther et les calvinistes (réformés) de Calvin, les mennonites tirent leur nom de Menno Simons (1496-1561), un prêtre hollandais qui rejoint en 1536 les communautés anabaptistes. Menno Simons deviendra le conducteur spirituel de ces groupes affaiblis et clandestins après des années de persécutions. Les véritables origines du mouvement se situent en Suisse autour des années 1520[21]. »

Le premier mennonite qui s'installe en Côte d'Ivoire est le professeur David Shank (1924-2010) :

> David Arthur Shank est né le 7 octobre 1924 à Orrville, Ohio, sixième enfant de Charles L. et Crissie (Yoder) Shank, anciens missionnaires mennonites en Inde (1915-1919). [...] Il a épousé Wilma E. Hollopeter de Sharon City, Ohio, en 1948 et ensemble, ils ont eu quatre enfants, Michael, Stephen, Crissie et Rachel. La formation de Shank comprenait Goshen Biblical Seminary (1952, baccalauréat en théologie, avec des études supplémentaires à la Faculté de théologie protestante de Bruxelles et l'Université Libre de Bruxelles), Eastern Baptist Seminary (1956, Master of Divinity) et l'Université d'Aberdeen, Écosse (1980, Doctor of Philosophy in Religious Studies). La thèse de doctorat en trois volumes de Shank portait sur la vie, la pensée et le ministère du prophète libérien William Wadé Harris – une étude approfondie qui, en 1994, a été abrégée par Jocelyn Murray et publiée sous le titre *Prophet Harris, the « Black Elijah » of West Africa* (Leiden, E. J. Brill). Pendant près de quatre décennies, Shank et sa femme ont servi au sein du Conseil des missions mennonites, d'abord en Belgique (1950-1973) puis en Afrique de l'Ouest (1979-1989). [...] Grâce à des contacts avec des membres de l'Église kimbanguiste au Congo, Shank s'est intéressé aux Églises d'initiative africaines (EIA) en croissance rapide à travers le continent. Pour poursuivre cet intérêt, il a commencé des études de doctorat en 1976 à l'Université d'Aberdeen sous la supervision du Dr Andrew Walls, Dr Harold W. Turner et Dr Adrian Hastings. Les Shanks ont finalement servi pendant dix ans en Afrique de l'Ouest (1979-1989), jetant les bases des ministères mennonites en Côte d'Ivoire et au Bénin, établissant des relations avec les EIA

---

21. Musée protestant, « Les Églises mennonites », par André Nussbaumer, https://museeprotestant.org/notice/les-eglises-mennonites/, consulté le 5 décembre 2023.

de toute la région, organisant des consultations panafricaines avec les dirigeants EIA et d'autres missionnaires occidentaux, et l'enseignement dans un large éventail d'institutions œcuméniques et universitaires. Une collection d'écrits de Shank sur son expérience missionnaire en Europe et en Afrique [...] ont été compilés, révisés et publiés en 2010 par James R. Krabill sous le titre *Mission from the Margins*. Une bibliographie complète des écrits de Shank y est incluse[22].

> **Le témoignage de Beugré Lévry Modeste**
> L'invitation faite aux Mennonites par les responsables harristes Dida du village de Yocoboué commença par moi-même à Abobo-Doumé où j'exerçais la fonction d'instituteur. L'heureuse rencontre avec David et Wilma Shank et James et Jeanette Kravill s'est produite au cours d'un repas, suite à la messe à l'Église harriste en mai 1979. J'ai été impressionné par l'étude sérieuse que le Dr Shank avait faite sur le prophète William Wadé Harris, et je savais que nous avions besoin de ces informations pour former nos jeunes prédicateurs parmi le peuple Dida. Notre peuple avait également un besoin urgent d'instruction biblique pour la prochaine génération de dirigeants. Nous avons donc planifié un voyage pour que les mennonites visitent notre région après la saison des pluies, en juillet de cette année-là. Le jour de notre arrivée d'Abidjan au village de Yocoboué, toute la communauté ecclésiale nous a accueillis à la périphérie de la ville avec des chants, des danses, de tambours et de secoueurs de calebasses. En 1982, James et Jeanette Krabill s'installèrent à Yocoboué avec leurs deux jeunes enfants. James, en compagnie de son collaborateur local, le prédicateur harriste Beugré Kobli Alphonse, a visité tous les villages environnants et a déterminé avec les responsables d'églises et les étudiants candidats quel type d'enseignement biblique conviendrait le mieux à chaque localité. Après trois ans et demi de cours bibliques dans six régions du sud du territoire de Dida, nous avons demandé au directeur de la mission mennonite de permettre aux Krabills de se déplacer vers le nord, dans la ville de Divo, pour un autre contrat de trois ans. Là, le programme d'enseignement biblique s'est étendu à six autres localités et a renforcé les jeunes responsables harristes en les formant au ministère de la prédication.
> Source : Thomas A. Oduro, Jonathan P. Larson et James R. Krabill, *Unless a Grain of Wheat*, Carlisle, Langham Global Library, 2021, pp. 171-173 [traduction libre].

---

22. Global Anabaptist Mennonite Encyclopedia Online, « Shank, David Arthur (1924-2010) », https://gameo.org/index.php?title=Shank,_David_Arthur_(1924-2010), page consultée le 5 décembre 2023 [traduction libre].

**Les réalisations en 1990**

Deux peuples, [...] ayant derrière eux 75 ans d'histoire faite de soupçon et de méfiance, ont fait de timides premiers pas sur le chemin de l'amitié.

1. Une famille mennonite nord-américaine, habituée à des formes de culte plutôt discrètes, a appris non seulement à apprécier, mais à aimer profondément la manière dont, par le chant et la danse, des citoyens du Royaume du Christ vivant sous d'autres cieux expriment leur foi.

2. Enfin, quoi qu'il en soit du rôle que les Mennonites joueront ou ne joueront pas effectivement dans l'avenir pour aider le mouvement harriste, un certain nombre de harristes en sont venus, dès à présent, à mieux comprendre que la Bible n'est pas exclusivement le « papier des Blancs » et que l'œuvre que réalise le Christ par son Église ne concerne pas une race particulière, mais l'univers entier. C'est un projet qui unit des peuples différents et qui les rend capables, dans le respect mutuel, de vivre et d'étudier ensemble, de prier et de créer ensemble un épisode modeste mais significatif du Royaume du Christ qui vient[23].

---

23. James R. Krabill, « Le ministère des Eglises mennonites auprès des Harristes Dida de Côte d'Ivoire », *Perspectives Missionnaires* n°20, 1990, p. 75, 76.

# 9

# Les défis nouveaux

## L'heure de la solidarité agissante a sonné

C'est en substance ce qu'a déclaré Tite Tienou à la première consultation des responsables d'églises d'Afrique francophone et d'Angola, qui s'est tenue du 11 au 16 avril 1980 à Abidjan sur le thème « Levons-nous et bâtissons ». Les 40 délégués présents ont prié, réfléchi, échangé et pris des engagements. Répartis en trois commissions, ils ont abordé les questions suivantes : quelles sont les causes de nos difficultés ? quelles sont les ressources dont disposent les églises ? Comment utiliser ces ressources de manière optimale ?[1]

**Les résolutions de la première consultation des responsables d'églises d'Afrique francophone**

*Considérant l'opportunité qui nous a été offerte par la consultation d'échanger nos vues et nos expériences,*
*Considérant l'intérêt suscité parmi nous par une telle rencontre,*
*Considérant les résultats transmissibles qui en ont découlé,*
*Vu qu'une telle rencontre nous a sensibilisés et nous a permis de prendre conscience de nos potentialités, nous, responsables délégués des églises d'Afrique francophone, avons décidé :*
  1. *Qu'une consultation semblable puisse avoir lieu régulièrement ;*
  2. *Que soit créé un comité de continuation de la consultation, dont le rôle est :*
     a) *De convoquer les consultations.*
     b) *D'encourager : le partage des nouvelles et des richesses spirituelles et la collaboration dans l'évangélisation.*
     c) *De gérer les ressources mises à la disposition de la consultation.*

---
1. Abel Ndjerareou, sous dir., *Comme sous l'arbre à palabre. Un livre de souvenir et d'avenir*, Cotonou, PBA, 2016, p. 19.

3. Que ledit comité soit composé comme suit :
   - Pasteur Daïdanso ma Djongwé.
   - Dr Dirinda Marini Bodho.
   - Pasteur Kéita Kassoum.
   - Pasteur Ouedraogo Adama.
   - Pasteur Zokoué Isaac.

*Nous croyons qu'une telle décision de notre part rencontrera l'approbation des Églises évangéliques d'Afrique francophone.*

*Aussi, pour permettre au comité d'accomplir sa tâche, nous sollicitons une libre participation financière des Églises.*

## *L'Église locale en mission*

C'est sur ce thème que la deuxième consultation des responsables d'églises d'Afrique francophone se tint à Bangui du 8 au 12 avril 1983 avec la participation de plusieurs délégués venus de la Côte d'Ivoire. Elle fut organisée par le comité de continuation mise en place à l'issue de la rencontre d'Abidjan en 1980. Les délégués ont été répartis en quatre commissions de réflexion :
1. L'Église locale, vision missionnaire.
2. Portrait d'une Église locale.
3. Une vision missionnaire déficiente.
4. Pour une vision missionnaire de l'Église locale.

Vu le décès en août 1980 du Rév. Mavumilusa Makanzu, celui-ci fut remplacé par le Dr André Kouadio (1934-2012)[2].

---

2. Quelques ouvrages de Mavumilusa Makanzu : *L'Histoire de l'Église du Christ au Zaïre* (1973) ; *Quand l'amour règne, on s'écoute les uns les autres !* (s.d.) ; *Quoi ? Vive la polygamie dans l'Église ??* (1977) ; *Mon coeur est enflammé pour l'évangélisation* (1980).

**Jean-Perce Makanzu Mavumilusa** est né en 1927 à Mpalabala, province du Bas-Congo, République démocratique du Congo. Mpalabala était le site d'une station de la Baptist Missionary Society (BMS).

Un article de 1964 décrivait son enfance : « Né dans une famille polygame, chassé de chez lui et d'un endroit à l'autre, éloigné de l'école jusqu'à l'âge de onze ans, tenté et éprouvé à outrance... Il a évoqué son père dans un sermon en 1980 à Abidjan, quelques mois seulement avant que le pasteur ne meure d'un cancer. En 1958, Makanzu s'est inscrit pour deux ans à l'Institut théologique de Kimpese, un séminaire multiconfessionnel qui employait des membres de confessions missionnaires évangéliques dans le camp évangélique. Makanzu a ensuite reçu une bourse pour étudier à l'Institut théologique Emmaüs nouvellement fondé en Suisse. Makanzu est retourné à Kinshasa en 1962 et sa prédication a rapidement attiré à nouveau l'attention des missionnaires évangéliques. Il a réussi à étendre sa congrégation baptiste d'environ sept cents à deux mille cinq cents membres en un temps relativement court. L'année 1966 marque une étape cruciale dans la carrière de Makanzu. Braun, un ancien pasteur CMA, a fait la connaissance de Makanzu grâce à un nouveau programme national d'évangélisation, Christ Pour Tous. En 1976, il a prêché à l'Assemblée chrétienne panafricaine tenue à Nairobi. Il a appelé à une nouvelle stratégie d'évangélisation par les Églises africaines qui remette en question toute notion de supériorité européenne ou américaine. Pour Makanzu, l'Europe et les États-Unis constituaient des champs de travail missionnaire africain, puisque tant d'Occidentaux avaient abandonné Dieu pour le communisme et le confort matériel. Lors de la visite de Makanzu en Allemagne de l'Ouest en 1977, il a profondément impressionné le directeur du VEM par sa foi et sa prédication. Le télévangéliste méthodiste Ford Philpot n'a jamais perdu son respect pour Makanzu après avoir travaillé ensemble en 1968. Lorsque Philpot a demandé l'approbation pour la croisade de 1978 au Congo, Makanzu l'a gracieusement accueilli à nouveau. Déjà atteint d'un cancer du foie, Makanzu a accepté en 1980 un doctorat honorifique de l'Asbury College, une université conservatrice de Wilmont, Kentucky, affiliée à l'Église Méthodiste Unie.

Source : Jeremy Rich, « De Jean-Perce Makanzu à Makanzu Mavumisa Un leader protestant évangélique au Congo de Mobutu, 1960-1980 », *Journal of African Religions*, vol. 4, n° 1, 2016, pp. 76-103.

## Le procès-verbal de la réunion de synthèse sur la crise de l'UESSO et la naissance de l'Église évangélique du réveil

Sur convocation et sous la présidence effective de Léon Konan Koffi, Ministre de l'intérieur, une réunion de synthèse s'est tenue au cabinet ministériel le mercredi 3 novembre 1982 à 16h. Elle a eu pour objectif de régler définitivement le différend opposant l'Union de Églises Évangéliques du Sud-Ouest de la Côte d'Ivoire UEESO-CI à quelques uns des ses propres adeptes qui se sont constitués en groupe dénommé charismatique.

En raison du caractère ultime de cette réunion, le Ministre Léon Koffi était assisté de : Soro Mamadou, Préfet d'Abidjan, Ahoua Kangha Michel, Directeur de cabinet du Ministre de l'intérieur et Ipaud Lago Michel, Directeur Général de l'Administration Territoriale

| | |
|---|---|
| Quant à Vé, Président de l'UESSO-CI, il n'a pas manqué d'inviter les **grands dignitaires des Églises évangéliques et méthodistes** de la place : Pasteur Diéké Koffi Joseph, président des Églises Protestantes CMA de Bouaké. Pasteur Yando Emmanuel, président des Églises Méthodistes de Côte d'Ivoire. Dr Kouadio André, pasteur, professeur à l'Institut biblique de Yamoussoukro. Pasteur Coulibaly Apony, président des Églises Baptistes Méridionales de Korhogo. Pasteur Bossert Charles, missionnaire, directeur de professeur à l'Institut biblique de Yamoussoukro. Pasteur Jean Alao, président des Églises AEECI de Bouaflé. | **Les représentants de l'UEESO-CI :** Pasteur Nathanaël Vé, Président de l'UEESO-CI. Pasteur Bah Samuel de Duékoué B.P. 16. Guenaman Jean B.P.V 93 Abidjan. Pasteur Dan Joseph 13 B.P. 30 Abidjan 13. Blé Lami, UEESO-CI. Pasteur Jean Dakoury 03 BP 806 Abidjan 03. Tomé Victor. Monguéi Paul Michel. Pasteur Bleukehoua Mahan Albert, Seccrétaire Général de l'UEESO-CI. |

**Le groupe charismatique** lui, sans chef selon ses propres déclarations, a été représenté par : Mahan Seyo Anatole, Instituteur à l'école des sourds muets de Yopougon, Tia Deti Lazare, instituteur à l'école des sourds muets de Yopougon, Oué Victor, université nationale de Côte d'Ivoire, Guéhi Gnenema Etienne, BP V 124 Abidjan, Jean Glao, pasteur, 08 BP 20 Abidjan 08 et Toguei Kpai Laurent BP 215 Duekoué.

Ouvrant la séance, Léon Konan Koffi a souhaité la bienvenue aux participants et les a remerciés de leur présence effective. Après avoir déploré le comportement de certaines communautés religieuses du pays et surtout celui qui prévaut actuellement au sein de l'UEESO-CI, le ministre de l'Intérieur a exprimé ses vœux de voir cette réunion être la dernière des séries de rencontres qui ont vainement tenté de régler l'affaire charismatique, aussi a-t-il demandé aux ayant-droit à la parole d'être brefs et clairs. Vé, président de l'UEESO-CI, sur un ton calme, a fait la présentation des dignitaires invités, puis il a dit en substance au ministre de l'Intérieur : « Malgré les suggestions de vos collaborateurs qui nous ont déjà reçus dans cette salle les 15 septembre et 15 octobre derniers, nous n'avons pu nous entendre, nous revenons vous saisir du même problème, comme arbitre, car nous croyons que Dieu vous donnera la compétence nécessaire pour le résoudre. » Tia Deti Lazare, porte-parole du groupe charismatique, après avoir fait l'historique et défini les divergences fondamentales du différend qui oppose charismatiques et l'UEESO-CI, a déclaré que les charismatiques veulent former une église à part. Après cette réponse claire, le Ministre de l'Intérieur passe la parole aux invités :

Pasteur Coulibaly : « Leur schisme est consommé. Donc nous les reconnaissons comme tels. »

Pasteur Yando : « C'est une chance que nous soyons dans un État qui n'est pas païen. Et je me permets de déclarer que dans un État qui se réconcilie, les chrétiens qui se divisent ne sauraient être ni Ivoiriens ni chrétiens. »

Pasteur Diéké Koffi : « Je suis venu en observateur. Pour moi les Églises devraient être les prometteuses de la paix. J'avais souhaité que ce différend fût réglé entre nous chrétiens. J'ai honte. Par ailleurs, ce qui m'intrigue, c'est le silence de Jean Glao à toutes les réunions alors que c'est lui le meneur du groupe charismatique. Vraiment j'ai honte. »

Le ministre de l'Intérieur, après avoir remercié les invités et les représentants de l'UESSO-CI et du groupe charismatique a décidé ce qui suit :

Désormais seule l'UEESO-CI, agréée par l'État, est mandatée à exercer son culte.

Les charismatiques sont libres de fonder leur religion. Mais en attendant l'agrément de leurs statuts, il leur est formellement interdit d'exercer un culte public. D'ailleurs, je ne connais que Jean Glao, le seul à avoir rendu sa démission de l'UEESO-CI. Les autres non ! Je demande à l'UEESO-CI de me faire dans les meilleurs délais l'inventaire et me fournir la liste des éventuels biens des charismatiques. Désormais, j'entends vous rencontrer en termes de légalité.

Puis, séance tenante, le ministre de l'intérieur lit les deux lettres adressées à ses collègues de la défense et de la Sécurité Intérieure pour leur demander de fermer le temple charismatique d'Adjamé, puis il lit une autre lettre adressée à Monsieur Jean Glao pour lui notifier la fermeture de ce même temple et l'interdiction formelle d'exercer tout culte public.

Aimé Zarro[3],
Chargé de mission au Ministère de l'intérieur

**Jean Glao (1938-1988)**[4]

Le moment est venu de parler de celui qui fut l'un des plus anciens, des plus en vue, des plus influents de l'Union ! Le moment est venu de parler de celui qu'on pouvait appeler « Billy Graham Ivoirien ». Pendant plus de dix huit ans le pasteur Glao fut le plus grand évangéliste que l'UEESO-CI ait jamais connu. Dieu a accompli de grandes choses par lui. Pendant plus de dix-huit ans, il fut le serviteur de Dieu le plus aimé, le plus admiré, le plus dynamique, le plus puissant en parole, l'un des défenseurs inlassables de l'UEESO. Pendant plus de dix-huit ans, il se sentait à l'aise dans l'UEESO, trouvait tout beau, tout spirituel. Rien ne lui déplaisait. Grand responsable, il n'admettait aucun désordre, aucune insubordination. Pendant plus de dix huit ans, on l'appelait « le réveilleur d'Églises ». Comme il avait le don de prêcher la parole de Dieu ! Ses sermons étaient des massues sur la tête du pécheur. Personne ne pouvait rester indifférent devant ses prédications...

---

3. 25 juil. 1996 – portant nomination de M. Zarro Aimé en qualité de chargé d'Etudes au Cabinet du ministre de l'Intérieur et de l'Intégration nationale, Journal Officiel N° 30 du jeudi 25 juillet 1996.
4. Le pasteur Jean Glao est décédé à la suite d'une hémorragie interne lors d'un accident de la route à Abidjan le 5 Décembre 1988. Il est le père fondateur de L'EERCI (Église Évangélique de Réveil de Côte d'Ivoire) qui est née en décembre 1982, agréée par arrêté ministériel

> Pendant plus de dix-huit ans, il ne parlait pas de lui-même, ni de ses exploits. « Qu'Il croisse et que moi je diminue » était son slogan. Pour nous, il était rempli du Saint-Esprit. À vrai dire, il marchait selon l'Esprit de Dieu. Pendant plus de dix huit ans de ministère béni, il percevait un salaire mensuel de 10 000 francs CFA ! Il ne s'en plaignait pas. [...] Le pasteur Jean Glao était entré dans l'Union en 1956... Huit ans durant, c'est-à-dire à partir de 1974, le pasteur Jean Glao menait une campagne de dénigrement contre l'Union et la Mission Biblique, [...] faisait l'apologie de la division, citant pour se justifier, Paul et Barnabas !
> Source : J. C. Guenama, *L'Église, une citadelle indestructible*, p. 155-158.

## *La célébration du cinquantenaire de l'Église Protestante CMA de Côte d'Ivoire*

L'événement a été célébré le 12 décembre 1982 à Bouaké en présence du Président Houphouët-Boigny présenté par Dr André Kouadio comme « celui que Dieu a suscité pour libérer les Ivoiriens de l'aliénation politique, économique et culturelle ». Pour lui, l'Église et la mission CMA sont en droit de marquer aujourd'hui un arrêt pour élever leurs louanges au Tout-Puissant car, par leurs efforts, ils ont sauvé un peuple nombreux. Mais elles ne se reposent pas sur les résultats acquis. Elles entendent fournir des efforts qui doivent viser trois objectifs bien précis : la continuation de l'œuvre d'évangélisation, le développement de l'œuvre déjà accomplie et le redressement des défauts dans cette œuvre. Cela demande une prise de conscience chez tous les serviteurs de Dieu et une collaboration franche entre eux tous sous la conduite du Saint-Esprit[5].

---

du 21 août. 1984. Il a été pendant 25 ans serviteur de Dieu au sein de l'UEESO (Union des Églises Évangéliques du Sud-Ouest) dont 8 ans à la présidence. Il se séparera de cette organisation en juillet 1982.

5. Saliou Koné, « En présence du Chef de l'État, l'Église protestante CMA a célébré son cinquantenaire », *Fraternité Matin* du 13 décembre 1992, p. 10.

## Les progrès dans la douleur

### La naissance de l'Église Protestante Baptiste Œuvres et Mission Internationale (1984)

L'Église Évangélique Baptiste de Yopougon démarra ses activités le 9 septembre 1975 avec trois personnes, le Rév. Yayé Robert Dion, son épouse Hélène Lah et leur fille aînée Sympathie, sous les auspices de la Mission Baptiste du Sud représentée par les Missionnaires James Darnel, Edwin Pinkson, Roy Vandiver, James Lassiter...[6]

De 1977 à 1979, le Rév. Robert Dion présidera l'Association des Églises Baptistes Méridionales de Côte d'Ivoire. L'autonomie de l'Église Protestante Baptiste Œuvres et Mission Internationale s'obtint en 1980. De 1985 à 1990, le Rév. Robert Dion fut confronté à un autre combat, celui de la Trinité[7]. C'est le 8 mars 1988 que l'Église de Yopougon prendra la dénomination d'Église Protestante Baptiste Œuvres et Mission Internationale[8]. Le 14 avril 1990, il procéda à l'inauguration du temple et du siège administratif à Yopougon. Le programme *Fulness* organisé en 1991 à Yopougon (15 000 participants), puis au stade Champroux d'Abidjan-Marcory en 1992 et 1993 (40 000 participants) aura un succès dans l'évangélisation.

L'Église Protestante Baptiste Œuvres et Mission Internationale fonctionne par un conseil d'administration composé du Président-Fondateur, le Rév. Dr Yayé Robert Dion et les pasteurs dirigeant les différents ministères, d'un conseil international composé de nos Pères spirituels d'Amérique et d'un Secrétariat Général.

---

6. Historique de l'Église Protestante Baptiste, Œuvres et Mission Internationale http://epbomi-officiel.org/historique.php, page consultée le 20 novembre 2021.
7. *Rév. Dr DION Yaye Robert. Un homme, une vision, une histoire*, Abidjan, OMCI, 2015, p. 35.
8. *Ibid.*, p. 18.

> **Robert Yayé Dion**
> L'Église protestante Baptiste œuvres et mission internationale a commencé très modestement par son serviteur DION Yayé Robert né en 1953. Titulaire du CEPE en 1965, il a suivi une formation au Cours privé parascolaire de dactylographie et de sténographie de Bouaké qui lui décerna le Certificat d'Aptitude Professionnel en 1968. Il entreprend des études à distance de détective privé qui le conduisent à Dakar en 1969 pour un stage dans un cabinet juridique. Il se convertit au Seigneur Jésus-Christ en novembre 1969 pendant qu'il faisait des recherches au centre de documentation chrétienne de la mission baptiste américaine où le pasteur Cissé Alkaly lui présenta l'Évangile. Il est baptisé à Dakar le 15 avril 1970 par Dr Farrel Runyan de la *Southern Baptist Mission*. Titulaire de son diplôme d'investigation criminelle certifié par l'association internationale de détectives et experts scientifiques obtenu en 1972, il rentre en Côte d'Ivoire en 1973. Il est membre de l'Église baptiste méridionale d'Abobo pendant qu'il travaillait à la Société Abidjanaise de Surveillance. C'est le jour de Noël 1975 qu'il entendit la voix de Dieu lui dire qu'il ne l'a pas destiné à arrêter les malfaiteurs pour les conduire en prison mais pour les transformer par l'Évangile. Il démissionna de son poste pour se faire embaucher à la radio ELWA où il devint producteur et animateur de programmes.
> Source : *Rév. Dr DION Yaye Robert. Un homme, une vision, une histoire*, Abidjan, OMCI, 2015, p. 11, 12.

## *La longue marche vers la création de l'AEECI (1984)*

Le premier texte régissant l'Église fut présenté lors de la conférence missionnaire de 1961[9]. Dans cette organisation, l'accent était mis sur l'autonomie de l'église locale, avec l'ancien de l'église comme leader. À la conférence missionnaire de mai 1962, Thomas Alderdice est réélu responsable du champ missionnaire pour trois ans, avec un comité constitué de John Rieder, Aldeline Wilke et de Frances Staniford[10]. En juillet 1963, John Rieder le remplace à la faveur de ses congés. La relation entre la Mission et l'Église va évoluer de façon notable

---

9. Archives WEC, « Minutes of the Ivory Coast Field Conference held at Zuénoula, july 10th-17th 1961 », p. 3.
10. Stan Christon assurait l'intérim de Frances Staniford jusqu'à son retour. Archives WEC, « Minutes of the Ivory Coast field Conference held at Zuenoula, May 15th-23rd 1962 », p. 2.

à partir de 1964. En effet, désormais les missionnaires décident de se référer à la Conférence des anciens sur certaines questions concernant directement les chrétiens africains tels que l'école biblique, le salaire des évangélistes, l'habillement des femmes, etc.[11] Les missionnaires vont présenter une deuxième organisation de l'Église en juin 1966. Les responsables africains retiennent un texte en neuf points :

1. L'Église de Jésus-Christ aura des pasteurs africains dans le travail et le ministère de l'église.

2. Quelques-uns des évangélistes seront des pasteurs stagiaires pour une année. Ils commenceront maintenant à apprendre à exercer le ministère aux côtés des missionnaires. Ils travailleront en collaboration avec les anciens et seront leurs responsables.

3. Tout pasteur sera appelé par l'église d'une région. On suggère que pour cette année les pasteurs stagiaires soient considérés comme étant en formation.

4. Ceux qui pourraient être pasteurs stagiaires sont les nommés : Samuel GOHI, Philippe, Boniface GUESSAN, Jérémie NÉNÉ, Jean GUEYE. Tous ont été acceptés par les anciens, sauf Jérémie NÉNÉ, à cause des incidents pendant son passage à Vavoua. Il sera exclu pour au moins une année. Samuel GOHI, Philippe, et Boniface GUESSAN souhaitent être pasteurs stagiaires. Jean GUEYE a demandé à ne pas bénéficier de ce statut pour cette année. Ce qui fut accepté.

5. Tout problème entre l'église et le pasteur sera résolu à la conférence suivante, mais s'il est urgent, un groupe sélectionné d'anciens appartenant à la conférence est chargé de le résoudre.

6. Les évangélistes sont affectés par la conférence.

7. Le soutien des évangélistes qui sont dans les régions où il n'y pas d'église, où dans une nouvelle église, doit provenir de toutes les autres églises.

8. Les finances de l'Église : le maniement de toutes les finances de l'église est dévolu aux anciens de l'église. Les Africains ayant un bon témoignage seront formés pour la gestion financière, pas

---

11. Archives WEC, « Minutes of the Ivory Coast field Conference held at Zuenoula, from june 30th -july 8th 1964 », p. 3.

nécessairement un ancien. Toutes les églises devraient prendre toutes les dispositions pour ouvrir leur propre compte CCP.

9. Nomination d'un ancien d'église : plus tard, la nomination des futurs anciens se fera sur proposition des premiers et présentée aux chrétiens baptisés pour l'approbation et la prière.
10. Les missionnaires sont désignés pour garder les grandes sommes d'argent de l'église pour cette année seulement.

Le premier conseil d'administration des églises a été élu lors d'une Assemblée générale à Zuénoula du 7 au 9 juillet 1971[12]. Ce conseil était composé de six membres conduits par un bureau de trois membres à l'image du conseil d'administration de la WEC[13].

L'année suivante, en juillet 1974, on notait plus de satisfaction sur l'état général de l'Église. Au cours de cette rencontre, un nouveau Conseil de l'Église est élu[14]. Présidé par Timothée Tchimou, l'Église va connaître un grave problème d'administration[15]. Suite à ces nombreuses difficultés et voyant son incapacité à diriger l'Église, Timothée Tchimou, démissionne lors de la conférence des anciens qui se tient à Bouaflé en février 1975[16]. Lors de nouvelles élections qui furent organisées, Emmanuel Tiécoura Tehi fut élu de nouveau, président du Conseil de l'Église. Le changement notable, c'est l'entrée de Jean Dago comme vice-président dans le bureau.

L'année suivante, l'Assemblée générale de juillet 1976 estima que le premier nom de l'Église (Église Protestante du Centre de la Côte d'Ivoire) prêtait à confusion avec l'Église de Bouaké, c'est pourquoi elle décida d'une nouvelle appellation « Alliance des Églises Protestantes Évangéliques du Centre-Ouest de le Côte d'Ivoire » (AEPECOCI)[17]. Cette précision relative à l'espace géographique occupée par l'Église intensifie le sentiment d'appartenance à une entité spécifique.

---

12. Archives EPCCI, « P.V. de l'A.G. tenue à Zuénoula du 7 au 9 Juillet 1971 », p. 4.
13. Le Conseil comptait deux anciens, deux pasteurs et deux missionnaires de façon équilibrée. Mais les évangélistes n'étaient pas membres du bureau.
14. Le premier Président Emmanuel Tiécoura TEHI devenait le Vice-président et le missionnaire Peter Belchamber le secrétaire. Archives EPCCI, « P.V. de l'A.G. tenue à Zuénoula du 8 au 13 Juillet 1974 », p. 7.
15. L'affectation du personnel se fit avec beaucoup de difficultés : l'affectation des missionnaires a débuté et n'arrivant pas à des conclusions, elle fut reportée. Celle des pasteurs africains s'est soldée par la démission de Lévi d'Oumé parce qu'il ne voulait pas accepter son nouveau poste de Bouaflé.
16. Archives EPCCI, « P.V. de l'A.G. tenue à Zuénoula du 14 au 18 juillet 1975 », p. 1.
17. Archives EPCCI, « P.V. de l'A.G. tenue à Zuénoula du 17 au 21 juillet 1976 », p. 2.

Le 5 février 1981, lors de la réunion des anciens et des pasteurs, un comité comprenant Néné Benjamin Doubi Bi, Jean Alao, Philippe Gala, Jean Gueye et Martin Walser est créé pour la révision des statuts de l'AEPECOCI. C'est lors de cette même rencontre que l'idée d'implanter une église à Abidjan fut maintenue[18]. Au mois de juillet, les textes proposés par ledit comité sont acceptés par l'Église. Le seul changement notable, c'est la dénomination de l'Église : l'AEPECOCI devenait AEECI.

L'année 1982 est riche en évènements pour l'Église. Les dossiers de l'AEECI sont déposés au Ministère de l'intérieur en vue de sa reconnaissance officielle. L'année 1984 est celle de la reconnaissance officielle de l'Église par les autorités administratives. Cette reconnaissance consacre l'autonomie amorcée depuis des décennies[19]. L'AEECI est reconnue comme association cultuelle par arrêté n°209 du 9/10/1984[20]. La WEC de son côté allait entamer son cinquantenaire en Côte d'Ivoire, lorsque sa dernière station missionnaire, celle de Tiébga dans la région d'Oumé est cédée à l'Église[21]. Et pour célébrer le jubilé de l'œuvre en Côte d'Ivoire, la WEC décide de l'organisation d'un culte de reconnaissance le 2 juin 1985.

---

18. Archives AEPECOCI, « P.V. de la réunion des anciens et pasteurs du 5 février 1981 », p. 1.
19. Les statuts sont parvenus au Ministère de l'Intérieur sous le N°09/P2U/D/C du 16/2/84. Le conseil s'engage à poursuivre les démarches pour aboutir à la reconnaissance officielle de l'AEECI.
20. Archives AEECI, « P.V. de l'A.G. du 16-20 juillet 1984 à Zuénoula », p. 2.
21. *Ibid.*, p. 3.

**Samuel Gohi Bi Gohi (1920-1989)**
Né vers 1920 à Gouézra, dans la sous-préfecture de Zuénoula, Gohi Bi Gohi Samuel faisait partie de l'ensemble ethnique gouro. [...] Il perdit son père entre l'âge de 8 et 10 ans et quitta le village pour se rendre à Daloa. [...] À l'âge de 12 ans, Gohi Samuel quitta la colonie de Côte-d'Ivoire pour se rendre dans celle de Gold-Coast où il demeura environ 10 ans. Il y apprit le Twi et l'anglais et exerça les métiers d'électricien, de menuisier et de cordonnier.

C'est durant son séjour en Gold-Coast que Gohi Samuel fut visité par une puissance surnaturelle, c'est-à-dire l'Esprit de Dieu, et se convertit au christianisme et fréquenta l'Église pentecôtiste. Il décida alors de retourner dans son pays, afin de partager son expérience avec ses frères. Après plusieurs péripéties, il arriva dans la région de Bouaké où il fréquenta l'Église CMA pendant un certain temps. Ensuite, il fit un séjour [...] à Fitabro [...]. Tout en exerçant son métier de cordonnier, Gohi Samuel ne pouvait pas s'empêcher de prêcher l'évangile aux populations de Fitabro. C'est également au sein de ce village qu'il fit la connaissance de Mara, celle qui devint son épouse. [...].

Quelque temps après leur mariage, le jeune couple quitta le village de Fitabro pour se rendre à Zuénoula probablement vers 1952. Gohi fréquentait rarement l'église de cette localité où la WEC avait la responsabilité de l'évangélisation. [...] En 1952, la conférence de la WEC décida de mettre sur pied une école biblique afin d'amorcer la formation d'un clergé africain. Samuel et son épouse Mara manifestèrent le désir de s'y inscrire. [...] Après sa sortie de l'école biblique, l'évangéliste Samuel et son épouse furent affectés dans différentes localités, afin de propager l'évangile pour le compte de la WEC. [...] De la contrée d'Oumé, l'évangéliste Gohi fut appelé à servir à Zuénoula, lieu de sa formation, puis une première fois à Krigambo en 1957. Par la suite, il fut affecté à Bouaflé en 1962, Séguela 1963-1964 et il revint de nouveau à Krigambo en 1965. De 1966 à 1968, il fut affecté dans la localité de Touba. [...] Dans toutes les localités où ils ont été appelés à servir, l'évangéliste Samuel et son épouse parcouraient les villages à pied ou à vélo, afin d'annoncer l'évangile aux populations. Il priait pour ceux qui étaient malades quand cela était nécessaire. [...] Au moment où le pasteur Gohi et sa famille arrivèrent à Gohitafla, il était alors âgé de 48 ans. Durant 15 ans, le pasteur Gohi exerça le ministère pastoral et le ministère de délivrance et de guérison. [...] En 1983, il dut quitter la localité de Gohitafla pour le village de Krigambo où il exerça son ministère jusqu'à la fin de sa vie, le 25 janvier 1989.

Source : Florentine Akabla Agoh, « Le ministère de guérison et de délivrance du Pasteur Samuel GOHI BI GOHI au sein de la Worldwide Evangelization Crusade (WEC) de 1968 à 1989 », *Cahiers de l'IREA 11*, août 2017, pp. 199-213.

## *L'autonomie de l'Église protestante méthodiste de Côte d'Ivoire*

Le 9 février 1985, l'Église méthodiste de Côte d'Ivoire s'affranchit de la Grande-Bretagne et accède à sa pleine autonomie, par la signature de l'acte de l'autonomie au temple du « Jubilé » d'Abidjan-Cocody et prend la dénomination d'« Église protestante méthodiste de Côte d'Ivoire (EPMCI) »[22].

Les présidents de l'Église protestante méthodiste furent : le Rév. Lambert Auguste Ackah (1974-1982) et le Rév. Emmanuel Yando (1982-1985), premier président de l'EPMCI (1985-1990). Le deuxième président de l'EPMCI fut le Rév. Lambert Ncho (1990-1998) et le troisième président le Rév. Benjamin Boni (1998-2005). Un « Hymne de l'autonomie », a été écrit et composé par le pasteur Essoh pour l'occasion. Nous rapportons les actes de l'autonomie ci-après.

**Les actes de l'autonomie**
Préambule
Attendu que la Communauté Protestante Méthodiste de Côte d'Ivoire selon les termes des résolutions de la Conférence de l'Église Méthodiste de Grande-Bretagne du 26 juin au 6 juillet 1984 et du Synode du District de ladite Église de Côte d'Ivoire du 1er juin 1964 décide de se constituer en une Église Autonome.
Attendus que les doctrines de l'Église Protestante Méthodiste de Côte d'Ivoire sont les suivantes :
L'Église Protestante Méthodiste de Côte d'Ivoire confesse le Seigneur Jésus-Christ comme Seigneur et Sauveur selon les Écritures et s'efforce de répondre à sa vocation au sein de l'Église universelle pour la gloire du seul Dieu, Père, Fils et Saint-Esprit. Elle se réjouit d'appartenir à la Sainte Église universelle qui est le Corps du Christ et d'être héritière de la foi apostolique. Elle accepte loyalement les principes fondamentaux des confessions de foi historiques et de la Réforme Protestante.
Elle se souvient que Dieu, selon son dessein providentiel, a suscité le Méthodisme pour répandre à travers le monde la sainteté selon les Écritures par le moyen de la proclamation de la foi évangélique,

---

22. Journal de l'UEEMF, « 1914-2014 : Mieux comprendre les cent ans du méthodisme en Côte d'Ivoire », de Philomène Ekissi, http://enroute.umc-europe.org/2014/er112/emuci-2.html, page consultée le 6 décembre 2023.

elle se déclare fermement résolue à rester fidèle à sa mission divine. Les doctrines que l'Église Méthodiste prêche depuis le réveil évangélique du XVIIIe siècle et qu'elle prêche toujours sont fondées sur la révélation de Dieu telle qu'elle est contenue dans les Saintes Écritures. L'Église Protestante Méthodiste reconnaît cette révélation comme la règle suprême de la foi et de la conduite. Elle est prête à se corriger et à se réformer conformément à l'enseignement des Écritures et à la révélation que continue à en donner le Saint-Esprit. L'Église Protestante Méthodiste accepte comme membre tous ceux qui désirent sincèrement être sauvés de leur péché, confessent Jésus-Christ comme Seigneur et Sauveur et acceptent l'obligation de le servir dans l'Église et dans le monde.

Le ministère pastoral dans l'Église Protestante Méthodiste est confié à ceux que Christ appelle, qu'il munit des dons et des grâces nécessaires pour ce travail et que l'Église reconnaît comme étant appelés et munis. Ces personnes ont une responsabilité particulière en ce qui concerne les soins à apporter au troupeau du Christ et la discipline à lui faire observer. Mais elles n'ont pas de sacerdoce essentiellement différent de celui de tout le peuple de Dieu. Elles sont consacrées au ministère pastoral par la prière et l'imposition des mains au nom du Seigneur Jésus-Christ, l'Unique Chef de l'Église, par quelques personnes déjà consacrées à ce Ministère, qui représente l'ensemble des membres.

L'Église Protestante Méthodiste reconnaît deux sacrements qui sont ordonnés par Dieu et qui constituent un devoir perpétuel de l'Église : le Baptême et la Sainte-Cène.

Les représentant de la Conférence de l'Église Méthodiste de Grande-Bretagne et du Synode de l'Église Protestante Méthodiste de Côte d'Ivoire, réunis en Synode extraordinaire le 9 février 1985 adoptent les présents statuts qui seront soumis aux agréments réglementaires prévus par les Articles 8 et 11 de la loi 60-315 du 21 septembre 1960 de la République de Côte d'Ivoire[23].

---

23. David Tripp, « Making History to Go. The Case of the Ivory Coast / United Methodist Union of 2004 », *The Asbury Theological Journal*, vol. 60, n° 2, automne 2005 [traduction libre].

Nous présentons ci-dessous un bref historique des Églises protestantes en Côte d'Ivoire sur la période de 1982-1988.

| Quelques Églises protestantes (1982-1988) | |
|---|---|
| **La Mission Evangélique à tous les peuples (1982)** | Installation à Yamoussoukro dans le but d'annoncer l'évangile aux peuples « non atteints ». |
| **Le Peuple du Livre en Côte d'Ivoire (1986)** | 1986 : Un médecin (Dr Buckland), premier missionnaire représentant la « Mission pour le Monde » arrive en Côte d'Ivoire.<br>1987 : John Weed commence un travail parmi les musulmans d'Abidjan.<br>Avril 1988 : premier culte.<br>Novembre 1988 : premier baptême.<br>Après le départ des deux premiers missionnaires, Tom Wright et Tom Edwards dirigent l'Église avec trois frères africains (Siriki, Oumar et Moussa). |
| **L'Église du Nazaréen en Côte d'Ivoire (1988)** | Elle est fondée en 1908 au Texas de la réunion de plusieurs petites églises wesleyennes. C'est en 1919 que l'Église change de nom : de l'Église Pentecôtiste du Nazaréen, elle devient Église du Nazaréen parce que le mot « pentecôtiste » avait acquis entre-temps une nouvelle connotation.<br>1988 : John Seaman débute une cellule à la Riviera.<br>Octobre 1990 : ouverture d'un institut biblique. |
| **Église Assemblée Évangélique Nouvelle Alliance (1988)** | Pasteur Valère Yao.<br>1990 : Temple à Abidjan Plateau Dokoui. |
| **L'Église du Buisson Ardent (1988)** | 1988 : Arrivée du fondateur Adébayo Adédiméji.<br>1989 : implantation de l'Église Apostolique du Christ à Abidjan Koumassi et s'en sépare pour fonder « le buisson ardent ».<br>Octobre 1992 : Ministère du Buisson ardent. |

Source : Tableau créé à partir des données de J. Krabill, *Nos racines racontées*, Abidjan, PBA, 1995, pp. 259, 264, 265, 275, 277.

Un témoignage de Moussa Koné permet d'apprécier le travail accompli par John Weed parmi les musulmans d'Abidjan (voir le tableau précédent).

**Le témoignage de Moussa, fils d'Imam**

Je suis le dernier et le troisième fils de la famille Koné. [...] Quand je suis né en 1953, mon père, Ibrahim Koné, était déjà Imam. À l'âge de six ans, j'ai été inscrit à l'école primaire, en première classe. Cependant, seulement trois semaines après que je fus inscrit, j'ai perdu ma vue et subi une opération. Cela m'a forcé à rester à la maison... Je dois dire que l'étude du Coran a interrompu mes études fondamentales que je suivais seulement de temps en temps à la maison avec mes grands frères. À l'âge de 13 ans, je suis candidat libre au CEPE. À l'âge de 14 ans, je pouvais lire si bien le Coran que j'ai appris aux autres enfants dans mon voisinage. Par suite de ceci, les enfants de groupes tribaux différents sont venus à Islam, même les baoulés. [...] En 1980, je suis devenu marin. En 1984, j'étais sur un très grand vaisseau qui appartient au SEDCO Compagnie. Le Capitaine a été appelé Welford, un homme du Mississipi. Un jour, cet homme m'a rencontré sur le pont du bateau et m'a demandé si j'étais un Musulman. Il a posé cette question parce qu'il connaissait mon nom. Je lui ai répondu dans l'affirmatif. Alors il m'a dit, « Ce soir, je viens à votre cabine pour bavarder avec vous. » ... J'étais là à 20 heures, le Capitaine est arrivé. Il est arrivé juste au moment où je lisais mon Coran. Il a frappé à la porte de ma chambre, et est entré et s'est assis à côté de moi. Il avait dans sa main un livre sur lequel était écrit « Sainte Bible ».

Le Capitaine m'a dit qu'il était venu ce soir me parler de Jésus. Soudainement je fus rempli d'une grande colère parce que juste le nom de Jésus m'irritait. Je me suis levé soudainement, ai pris la Bible qu'il avait mis sur mon lit, et l'ai jetée par le hublot dans la mer. J'étais très content d'avoir jeté cette Bible dans la mer, cela m'a soulagé et j'étais très fier. Je pensais que je l'avais ennuyé et j'attendais sa réaction. Mais quand j'ai tourné vers lui le regard, j'ai vu un sourire énorme sur son visage. Il était calme et n'a pas perdu sa patience en aucune façon. J'étais complètement étonné parce que je n'aurais jamais pu accepter que quelqu'un se comporte de la même façon envers moi. Qui oserait jeter mon Coran dans la mer ? Le Capitaine m'a dit tranquillement, « Calmez-vous, mon garçon ». Je lui ai répondu : « Vous savez que je suis un musulman et Mahomet est mon prophète. Allah est mon Dieu. Si vous faites encore cela, je quitterais le bateau et retournerais chez moi à Abidjan. »… Je suis revenu à Abidjan avec cette pensée dans ma tête. Mon père n'était pas là. Il était à Bouaké, où il était Imam dans le district de zone industriel. Avant d'aller le joindre là, j'ai rencontré un ami ghanéen qui avait travaillé sur les plates-formes avec moi. Il m'a dit qu'un Américain qui vit à Cocody voulait me voir. J'ai refusé d'aller parce que j'avais passé beaucoup de mon temps avec les Américains sur le bateau et je n'étais pas particulièrement excité de le rencontrer. Après ma période de permission, je suis reparti en mer et quand je suis revenu à Abidjan un an plus tard, le même Ghanéen était encore là et m'a refait la même invitation de l'Américain comme si j'étais là et tournais les mêmes pages d'un livre. Nous sommes allés trouver cet homme qui avait presque mon âge, Il s'appelait John Weed et nous avons commencé une conversation sur le Coran qu'il connaissait très bien. Je ne savais pas ce jour-là s'il était chrétien ou pas. Il parlait merveilleusement bien l'arabe depuis qu'il avait été missionnaire en Egypte. Mon congé sur terre touchait à sa fin, je suis revenu en mer, sur un vaisseau danois. En plus de mon Coran en français, j'ai acheté un Coran anglais arabe et quelque Hadiths (histoires qui racontent les actions et proverbes de Mahomet). J'ai décidé personnellement de faire des recherches sur le sujet de mon salut. J'étais déjà à mon sixième mois sur le bateau et je devais faire le résumé de ma recherche. Je ne sortais plus dans la boîte de nuit. J'avais perdu du poids. J'étais descendu de 80 kg à 60 kg. J'étais préoccupé au sujet de mon salut, cependant le livre que j'aimais tant depuis mon enfance ne m'a pas rassuré. […]

J'avais passé huit mois sur le bateau et j'atteignais la fin de mon contrat. J'ai débarqué définitivement, je suis revenu à Abidjan et ai trouvé à Cocody (Abidjan) le missionnaire qui m'avait contacté à travers mon collègue ghanéen précédemment. Sans lui donner un rapport détaillé, je lui ai dit que je vais accepter Jésus-Christ maintenant. Nous avons prié ensemble. Cette prière était si sincère que pour la première fois je savais que j'avais parlé vraiment à Dieu. J'ai confessé mes péchés. J'étais plein de joie. C'était merveilleux. C'est le jour où je l'ai accepté[24].

---

24. Moussa Koné, « Témoignage de Moussa, fils d'Imam », 1995, https://www.answering-islam.org/French/Temoignages/moussa.htm, page consultée le 6 décembre 2023.

## L'épanouissement d'un christianisme authentique

L'épanouissement d'un christianisme authentique reste un défi à relever. Avant d'évoquer la création de la FATEAC dont c'est la vision, nous avons cru bon de mentionner quelques personnalités protestantes qui ont visité la Côte d'Ivoire à cet effet.

### René Pache (1904-1979)

> Le premier mars (1965), nous avions le Dr René Pache avec nous. Il dirigeait l'Institut biblique d'Emmaüs en Suisse romande et était venu en Afrique pour tenir des conférences. Il est venu dans notre région cette semaine-là. Je préparais des repas chaque jour pour le Dr Pache et généralement pour deux ou plusieurs autres missionnaires. Le mardi soir, nous avions autant de missionnaires que possible pour un souper pique-nique partage dans notre cour arrière. Nous étions 42. Le Dr Pache nous a ensuite parlé et son message nous a édifié. Il a également pris la parole au Centre Culturel de Korhogo. Entre 150 et 200 personnes étaient présentes[25].

De nationalité suisse, René Pache est un théologien franco-suisse, bibliste, pasteur protestant. « Il était vice-président du Mouvement international des étudiants évangéliques (IFES : International Fellowship of Evangelical Students) de 1947 à 1963. René Pache a été directeur de l'Institut Biblique et Missionnaire Emmaüs de 1947 à 1971. Il a rédigé au moins une douzaine de livres, principalement des notes d'étude biblique et des ouvrages de doctrine[26]. »

### René Daïdanso (1944-2014)

Après ses études primaires de 1950-1956, et secondaires à Fort Lamy à partir de 1956, il contribue à la création de l'UJC qui sera reconnu par les autorités en1963. Ses études universitaires commencent à Dakar et se poursuivent de 1966 à 1970, à Vaux-sur-Seine (études théologiques) avec un mémoire de Maîtrise sur les Missions et Églises Évangéliques au Tchad.

Le 17 décembre 1970, il est consacré au ministère pastoral avant d'être désigné en février 1971 Secrétaire Général des Assemblées Chrétiennes du Tchad.

---

25. Viola et Jim Halbert, *Ivory in Our Hearts. The Special Work of God in Our Lives*, Lulu.com, s.l., 2006, p. 246.
26. Babelio, « René Pache », https://www.babelio.com/auteur/Rene-Pache/102991, page consultée le 6 décembre 2023.

Du 11 au 16 avril 1980, il participe à Abidjan à la première Consultation des responsables d'églises d'Afrique francophone et d'Angola. Par la suite, il sera en 1984 l'orateur principal du camp de la Jeunesse Protestante du Centre qui s'est tenu à Toumodi sur le thème de l'engagement.

De 1984 à 1993, il siège au Secrétariat Général de l'AEA à Nairobi au Kenya comme aumônier du personnel et responsable de formation des disciples. À partir de 1993, Secrétaire Général Adjoint de l'AEA avec résidence au Tchad.

### *Gérard Peilhon (1938- 2021) à Abidjan en 1982*

Gérard Peilhon, issu de l'Assemblée lyonnaise et formé à l'Institut Biblique Belge, a exercé durant plus de quarante ans le ministère d'aumônier et de visiteur de prisons. Il a sillonné les routes visitant les prisons guitare en main. Il était connu pour son style « qui décoiffe » pour partager l'Évangile et sa foi au sein de la Ligue pour la Lecture de la Bible (LLB).

### *Howard O. Jones*

Howard O. Jones est né le 12 avril 1921 à Cleveland, OH. Il a été évangéliste associé de la Billy Graham Evangelistic Association pendant 35 ans. Il a aidé à recruter des minorités pour les croisades de Graham, malgré les objections de certains fidèles et donateurs blancs.

La porte des Jones au ministère en Afrique s'est ouverte à la fin des années 1950 grâce à ELWA (Eternal Love Winning Africa), une station de radio chrétienne à Monrovia, au Libéria, qui a diffusé les sermons enregistrés de Howard avec la musique de la chorale de l'Église Smoot Memorial Alliance à Cleveland, où Howard a servi comme pasteur.

### *Gilbert Okoronkwo et la PEMA (1991) : Atteindre l'Afrique par les médias*

La PEMA (Proclamation de l'Évangile par les Médias en Afrique) connue aussi en Anglais sous le nom de ACT (Africa Christian Television) est un projet de l'Association des Évangéliques en Afrique (AEA). Elle a été établie en 1991 pour présenter sous une perspective chrétienne les défis énormes auxquels l'Afrique est confrontée. Le studio de la PEMA/ACT est à Abidjan Cocody II Plateaux.

## *Pasteur Ayé Toualy et l'Église Baptiste du Plein Évangile (1992)*

Ayé Touali, Président de l'Église Baptiste du Plein Évangile. Il est né en 1957 dans une modeste famille de parents catholiques, qui leur a donné une éducation rigoureuse. De formation, le Pasteur Ayé Toualy est comptable.

À ce titre, il a travaillé trois années à la Régie des Chemins de fer Abidjan-Niger. Pendant qu'il était comptable, il a suivi le programme d'Études Théologiques Décentralisées de la Mission Baptiste Méridionale, car déjà en classe de seconde, il avait reçu l'appel du Seigneur pour son service. Il a rendu sa démission de la Régie Abidjan Niger en 1982 pour entrer dans le ministère pastoral en plein temps aux côtés du Rév. YAYE DION Robert. Et il a continué sa formation théologique. En 1987, il a créé et dirigé pendant cinq ans (Jusqu'en 1992) le Centre Missionnaire de Formation de l'Église Baptiste Œuvre et Mission.

En 1992, avec le Bishop Anthony YEBOAH et d'autres pasteurs et Missionnaires, il a participé à la création de l'Institut International de Formation Pastorale et Théologique (IIFPT), qu'il a dirigé jusqu'en 2000. C'est aussi en 1992 que le Rev. GADOU DESIRE et lui ont fondé l'Église Baptiste du Plein Évangile, avec l'aide du Professeur OKOU. Il est donc Pasteur, enseignant de théologie pastorale et pratique dans les instituts de formation de pasteurs et de responsables d'églises. Il est très passionné par l'enseignement et la formation des pasteurs et responsables d'églises[27].

Dans une continuation chronologique, nous présentons ci-après un bref historique des Églises protestantes en Côte d'Ivoire sur la période de 1990-1993 :

---

27. « Pasteur Ayé Touali », samedi 22 août 2015, http://www.ichretien.com/orateurs/pasteur-aye-toualy-1834.html page consultée le 7 juin 2022.

| Quelques Églises protestantes (1990-1993) | |
|---|---|
| **Mission Internationale pour la Grande Moisson (1990)** | Pasteur Daniel Goulia |
| **Ministère Chrétien du Refuge** | 13 septembre 1991 : Pasteur Beiser, venu en janvier 1991 comme missionnaire des AD, fonde ce ministère à Abidjan avec des Libériens qui avaient besoin d'un cadre pour se sentir en sécurité et en paix. 1991-1992 : création de la Rainbow Covenant School (École de l'Alliance Arc-en-ciel). 1992 : la plupart des 110 élèves vont au centre pour réfugiés d'Akouédo. 13 mars 1993 : le pasteur Samson Twch remplace le pasteur Beiser rentré aux États-Unis. |
| **Église Pentecôte Internationale de la Sainteté Côte d'Ivoire** | 1992 : installation du Dr Willard Wagner. 1994 : Le missionnaire Teddy S. Lubin affecté en Côte d'Ivoire. |
| **Église du Ministère de la Foi Chrétienne en Action** - Christian Action Faith Ministries (CAFM) | 1988 : Invitation du pasteur George Asaré d'Accra. 1989 : naissance de la communauté d'Abidjan Biétry qui se retrouvera au Plateau (Cercle de la Ran) puis à la Bibliothèque nationale. Arrivée du pasteur assistant Israel Wood. 1991-1994 : déplacement de la communauté aux Anciens combattants à Treichville puis à l'AITACI. 7 mai 1995 : 1er culte de l'Église Internationale de la Victoire avec le pasteur George Asaré, démissionnaire. |

Source : Tableau créé à partir des données de J. Krabill, *Nos racines racontées*, Abidjan, PBA, 1995, pp. 288, 292, 306.

## *Le professeur Tite Tiénou et la création de la FATEAC en 1993*

À partir des années 1980, le christianisme en Afrique de l'Ouest francophone a connu un essor extraordinaire :

- Les responsables d'Églises constatent que cette situation cache mal un vide : celui d'une solide formation biblique et théologique avec une œuvre qui transcende à la fois les frontières et les « limites naturelles » des familles d'églises au sein du protestantisme évangélique.

- En avril 1989, les Églises Protestantes Évangéliques de l'Alliance Chrétienne, en marge de leur conférence panafricaine qui s'est tenue à Yamoussoukro (Côte d'Ivoire), décident de la création de la Faculté de Théologie Evangélique de l'Alliance Chrétienne (FATEAC).

---

**Tite Tiénou**

Tite Tiénou est né le 16 janvier 1949 à Sanékuy (Soudan français, actuel Mali). De 1966 à 1968, il fréquente le lycée Ouezzin Coulibaly, Bobo-Dioulasso (actuel Burkina Faso) avant de s'envoler pour Nyack College, New York (États-Unis) où il obtint le Bachelor of Science in Theology, Cum laude (1971). Il devient ensuite pasteur de l'Église centrale de la CMA à Bobo-Dioulasso ainsi que professeur d'anglais et de français au Collège de l'Avenir de Bobo-Dioulasso (1971-1973). Il s'inscrit par la suite à la Faculté Libre de Théologie Évangélique de Vaux-sur-Seine (France) où il obtint la Maîtrise en Théologie (1973-1976). De 1976 à 1980, il est le directeur fondateur de l'Institut Maranatha (Bobo-Dioulasso) tout en étant pasteur de l'Église centrale de la CMA ainsi que professeur d'anglais au Collège de l'Avenir.

En 1980, il entreprend ses études doctorales à Fuller Theological Seminary, Pasadena, en Californie, qui sont sanctionnées en juin 1984 par un M.A. en Missiologie et un Ph.D. en Études interculturelles. Il est recruté comme maître de conférences en théologie et missiologie à l'Alliance Theological Seminary, Nyack, New York (1984-1991). Il exerce ensuite en tant que professeur de théologie et de missiologie à l'Alliance Theological Seminary (1991-1993) avant de venir en Côte d'Ivoire comme doyen fondateur de la FATEAC.

---

Avant de s'installer à Abidjan, Pr Tite Tiénou, doyen fondateur, est venu prendre part aux trois événements suivants en 1991 :

- La conférence quadriennale de l'UMA à Yamoussoukro ;
- Le premier congrès de l'UJAC à Bobo-Dioulasso ;
- Le camp national de la JEPCMA qui a porté sur la contextualisation (La Parole a été faite chair) à Yamoussoukro.

La FATEAC ouvre ses portes pendant l'année académique 1993-1994 à Abidjan, en Côte d'Ivoire, après plusieurs années de labeur, de prière et de préparation. La FATEAC est d'abord autorisée sous le régime des associations cultuelles par l'arrêté du Ministère de l'Intérieur n° 371/INT/ATAP/AGP du 19 octobre 1993.

L'identité de la FATEAC découle de sa Vision et de sa Mission qui est de contribuer à l'épanouissement d'un christianisme authentique en Afrique contemporaine en assurant une solide formation biblique et théologique de niveau universitaire en vue des divers ministères évangéliques.

Une institution de formation digne de ce nom doit être un lieu de transmission de connaissances, d'acquisition de compétences et de maîtrise du savoir-faire. La FATEAC poursuit à cet effet les objectifs suivants :

- Pourvoir aux églises des personnes capables de réfléchir pour elles-mêmes et ainsi guider le peuple de Dieu vers la maturité spirituelle.
- Aider les étudiants à découvrir la science, l'art, le goût et la joie de la réflexion et de la recherche personnelle.
- Former les étudiants pour des diplômes académiques en vue des divers ministères évangéliques.

**Tableau 22. Les premiers étudiants de la FATEAC en 1993**

| N° | Nom et Prénoms | Pays | Dénomination |
|---|---|---|---|
| 1 | COULIBALY Moussa Zié | Mali | CMA |
| 2 | DIARRA Tiowa | Mali | CMA |
| 3 | FEINDOUNO Elie | Guinée | CMA |
| 4 | KEO Kognon | Côte d'Ivoire | AEBECI |
| 5 | KOUAKOU Koffi | Côte d'Ivoire | CMA |
| 6 | SANON Elie | Burkina Faso | CMA |
| 7 | TRAORE Soungalo | Burkina Faso | CMA |

Cette première promotion était en formation lorsque, le 7 décembre 1993, la nouvelle du décès du président Félix Houphouët-Boigny est tombée. Si nous n'avons pas insisté sur les rapports que le président entretenait avec le protestantisme, il faut noter que sa présence lors des événements importants est un indice majeur. L'histoire de la Côte d'Ivoire moderne va prendre un tournant décisif avec sa disparition. Notre regard sur le protestantisme dans l'histoire de la Côte d'Ivoire a commencé avec Binger, un gouverneur protestant qui a soutenu l'entrée des missionnaires catholiques. Elle s'achève avec la disparition d'un chef d'État catholique bienveillant envers les protestants.

# Conclusion

Étudier l'histoire du protestantisme ivoirien reste et demeure un champ fécond de recherche malgré les nombreux travaux déjà réalisés. Nous avons dû faire un grand effort de synthèse pour réaliser cet essai sur le protestantisme dans l'histoire de la Côte d'ivoire (1893-1993) afin de montrer son originalité, sa diversité, sa richesse et sa complexité. À travers l'ouvrage, nous avons plusieurs fois mentionné le verset « Vous serez mes témoins » (Ac 1.8), car sur les trois grandes périodes de ce siècle d'histoire, un des éléments permanents fut l'œuvre réalisée par d'illustres témoins d'ici et d'ailleurs qui ont bravé les difficultés pour rester fidèles à leur vocation.

Évoquer l'ensemble des questions, des personnalités et des organisations en rapport avec le protestantisme ivoirien aurait nécessité plusieurs tomes d'une encyclopédie. Une telle œuvre ne peut se concevoir qu'avec la mise en place d'un organe collectif. D'où l'appel que nous voulons lancer ici à l'ensemble des chercheurs qui s'intéressent à l'histoire du protestantisme. Nous devons nous lever pour reconstituer cette histoire. Le ton est donné dans certaines dénominations protestantes qui ont commencé à mettre en place des services de documentation, d'archives, des musées et même des sociétés d'histoire du protestantisme.

Les puissances économiques comme l'Angleterre et les États-Unis ont été et continuent d'être de grandes pourvoyeuses en personnel missionnaire dans le monde, nous autorisant ainsi à faire le lien entre l'indépendance économique et l'œuvre missionnaire. Si la Côte d'Ivoire dans sa prospérité économique a attiré beaucoup de missionnaires d'obédience protestante, une étude est à mener concernant le poids réel du protestantisme ivoirien pour évaluer ses forces et pour expliquer le peu d'engagement des protestants ainsi que l'état de dépendance des communautés protestantes dans plusieurs domaines (théologique, financier, humain, etc.).

# Sources écrites

## Archives du DEFAP

ALLEGRET Elie et COUVE Daniel, « Correspondances de 1926 concernant le Rév. Mark Hauford d'une église baptiste de Côte d'Ivoire », 7 p.

ALLEGRET Elie, « Rapport sur son voyage d'enquête en A.-O.F. du 10 mai au 30 janvier 1930 », 16 p.

BEBEY-EYIDI Marcel, « Responsabilité des églises devant la prise de conscience politique de l'Afrique noire », conférence présentée à Douala le 8 novembre 1957 à Douala, 12 p.

BONZON Charles, « ACCRA-IBADAN : deux grandes conférences africaines », dans *Journal des Missions Evangéliques*, 1958, pp. 89-93.

DE BILLY Edmond, *En Côte d'Ivoire. Mission protestante d'A.-O.F.*, Paris, SMEP, 1931, 184 p.

GRUBB Norman P., « Lettre du 30 octobre 1936 à M. Barnaud concernant l'envoi de trois ouvriers en Côte d'Ivoire », 2 p.

Fédération des missions protestantes en Côte d'Ivoire, « Procès-verbal de la conférence tenue à Dabou du 21 au 25 octobre 1943 », 5 p.

Fédération des missions protestantes en A.-O.F., « Projet de statuts adopté à la conférence réunie à Abidjan les 25 et 26 avril 1945 », 3 p.

Fédération des missions protestantes en A.-O.F., « Procès-verbal des séances du conseil tenues à Bouaké les 15 et 16 mai 1946 », 8 p.

Fédération des missions protestantes en A.-O.F., « Minutes de la 6$^e$ conférence bi-annuelle tenue à Bouaké du 1$^{er}$ au 3 février 1954 », 1 p.

KELLER Jean, « Rapport confidentiel d'enquête au comité de la SMEP sur son voyage d'enquête en A.-O.F. », 28 p.

KELLER Jean, « Note sur la délégation générale des missions protestantes en A.-O.F., 5 octobre 1943 », 3 p.

KELLER Jean, « Allocution d'ouverture à la conférence intermissionnaire de Dabou en octobre 1943 », 16 p.

KELLER Jean, « Note sur les églises missionnaires de nos colonies et le protestantisme français », février 1945, 4 p.

KELLER Jean, « Rapport confidentiel au comité de la S.M.E.P. le 12 juillet 1948 », 6 p.

KELLER Jean, « Lettre du 30 novembre 1948 aux membres du conseil de la Fédération missionnaire d'A.-O.F. », 3 p.

Keller Jean, « Le problème de la coopération intermissionnaire et interecclésiastique dans l'ouest africain français », dans *Le Monde non chrétien*, n°35, juillet-septembre 1955, pp. 215-244.

Mabille Georges, « Copie d'une lettre à J. Rusillon (Genève) datée du 15 août 1943 et reçue le 27 septembre 1943 », 1 p.

Mabille Georges, « Lettre manuscrite à M. Schloessing datée du 7 décembre 1945 », 2 p.

Mabille Georges, *L'appel du Soudanais. Voyage en A.-O.F. Carnet de route*, Paris, SMEP, 1945, 167 p.

Mabille Georges, « Le rôle des écoles en Mission. Expériences faites en A.-O.F. », dans *Journal des Missions Evangéliques*, 1945, p. 91.

Nouvelon Jean, « Lettre du 3 mai 1945 écrite à Ouagadougou concernant la Fédération », 4 p.

Reze R. P., « À propos des missionnaires américains », dans *Journal de la mission catholique de Guinée française, la voix de Notre-Dame*, juin 1937, page ronéotypée.

Roseberry Robert Shermann, « Rapport du 1er septembre 1927 concernant les activités de la CMA en A.-O.F. », 4 p.

Roseberry Robert Shermann, « Chairman's report French West African fiel for the year ending décembre 31,1942 »,18 p.

Roseberry Robert Shermann, « Lettre au pasteur E. Schloessing datée du 4 juillet 1946 », 2 p.

Roux André, « Notices sur les missions protestantes en A.-O.F. extraites des rapports présentés à la conférence de Dabou du 21 au 25 octobre 1943 », 3 p.

Ryan C. C., « CMA Fields News 1941 », 4 p.

Schloessing Emile, Boegner Marc, « Lettre de recommandation du pasteur KELLER datée du 8 janvier 1942 aux directeurs des missions protestantes d'A.-O.F. », 2 p.

Schloessing Emile, « Lettre du 22 mai 1946 à M. Howard Van Dyck concernant le voyage de M. et Mme Dupret à Bouaké ».

Snead Alfred C., « Extrait d'une lettre du 3 avril 1923 adressée au Dr A.L. Warnshuis », 2 p.

Van Dyck Howard, « Lettre du 13 mai 1946 au pasteur E. Schloessing concernant le voyage de M. et Mme Dupret à Bouaké ».

Walker F. Deaville, *Harris le prophète noir. Instrument d'un puissant réveil en Côte d'Ivoire*, Paris, Delattre, 1931, 190 p.

WEC, « Lettre du 6 février 1945 au pasteur Keller », 3 p.

## Autres archives missionnaires (sources imprimées)

ARNOLD W. Walter, « The Opening of the Ivory Coast », dans *West African Witness*, juillet 1953, pp. 19-22.

EKVALL R. B., et al., *After Fifty Years. A Record of God's Working through the Christian and Missionary Alliance*, Harrisbourg, Christian Publications, 1939, 278 p.

RITCHEY Brenda R., *The History of the Alliance Missions in the Ivory Coast (Côte d'Ivoire) [A Compendium of Material]*, s.l., s.d., 399 p.

ROSEBERRY Edith M., *Kansas Prairies to African Forest. The Pioneer Spirit*, s.l., 1957, 51 p.

ROSEBERRY Robert Shermann, « Survey of the Ivory Coast, West Africa », dans *The Alliance Weekly. A Journal of Christian Life and Missions* n° 11, 15 mars 1930, p. 1.

ROSEBERRY Robert Shermann, *The Niger vision*, Harrisburg, Christian Publications, 1934, 254 p.

ROSEBERRY Robert Shermann, *Training Men for God in French West Africa*, New York, CMA, 1940, 31 p.

## Archives Nationales du Sénégal (A.N.S., Dakar)

### Série G – Politique et administration générale

*1. Sous série 2G Rapports périodiques mensuels, trimestriels, semestriels et annuels des gouverneurs, administrateurs et chefs de services (1895-1960)*
Rapports politiques de la Côte d'Ivoire de 1929 à 1957.
2G 29-10, 2G 30-9, 2G 31-11, 2G35-8 ; 2G 36-31, 2G 37-5, 2G 38-28, 2G 39-3, 2G 40-4, 2G 45-115, 2G45-16, 2G45-16, 2G 46-28, 2G 48-108, 2G 49-112, 2G 52-167, 2G 54-149, 2G 55-77 : 2G 55-137 ; 2G 57-121 ; 2G 57-121.

*2. Sous série 17G Affaires politiques A.-O.F. (1895-1958)*
17G 20 (1), « Rapport confidentiel rédigé par le pasteur Brun sur le pasteur Keller en 1943 ».
17G 20 (1), « Extrait d'une lettre de Jean Keller au gouverneur général datée du 10 novembre 1943 ».
17G 20, « Réponse du pasteur Keller au gouverneur général, Cotonou, le 10 décembre 1943 ».
17G 20 (1), « Circulaire confidentielle n°13.714 du ministre des colonies aux gouverneurs généraux et gouverneurs des colonies sur les missions religieuses », 8 p.
17G 73 (17), « Circulaire du gouverneur général de l'A.-O.F. du 6 février 1933 sur les missions chrétiennes et la société indigène », 23 p.

17G 73 (17), « Copie conforme du décret du 16 janvier 1939 portant institution des conseils d'administration des missions religieuses », 4 p.

17G 115 (17), « Lettre du gouverneur général (Olivier) au Lieutenant-Gouverneur de la Guinée française, août 1922 ».

17G 115 (17), « Annuaire de la mission protestante de l'A.-O.F., 1924 ».

17G 115 (17), « Rapport politique de la Côte d'Ivoire, 1940 ».

17G 115 (17), Powell George, « Lettre du 10 février 1942 à M. le gouverneur de la Côte d'Ivoire, par voie hiérarchique de M. l'administrateur commandant le cercle de Bouaké », 2 p.

17G 115 (17), Keller Jean, « Lettre du 24 mars 1942 à M. le gouverneur de la Côte d'Ivoire », 2 p.

17G 115 (17), Keller Jean, « Rapport confidentiel au ministre par le chargé de mission et annexes », 16 p.

17G 115 (17), « Rapport du gouverneur du Soudan français au gouverneur général de l'A.-O.F. sur les activités de M. Roseberry, 21 novembre 1942 », 2 p.

17G 115 (17), Keller Jean, « Note sur la délégation générale des missions protestantes en A.-O.F., 5 octobre 1943 », 3 p.

17G 115 (17), « Note du directeur des Affaires politiques, administratives et sociales au directeur général des Finances sur l'octroi de facilités au délégué général des missions protestantes en A.-O.F., 25 novembre 1943 », 4 p.

17G 115 (17), « Lettre du directeur général des Finances au pasteur Keller sur la subvention pour entretien et frais de voyage, 19 janvier 1944 »,1 p.

17G 115 (17), « Lettre du pasteur Keller au directeur général des Finances sur la subvention pour entretien et frais de voyage, 20 janvier 1944 », 1 p.

17G 115 (17), « Copie de la lettre de Daniel Richard du 11 avril 1945 au Rév. Brown de *Pentecostal Assemblies*, interceptée le 17 avril 1945 », 2 p.

17 G 115 (17), « Copie de la lettre de W. Stacey du 15 mai 1945 au Rév. F. W. Dodds, interceptée le 17 mai 1945 », 8 p.

17 G 115 (17), *La mission évangélique. Sa raison d'être*, Valence, CMA, s.d, 16 p.

17 G 141 (17), « Renseignements sur les missions protestantes en A.-O.F., 1946 » 19 p.

17 G 141 (17), Lieutenant de Gendarmerie Bongat, « Rapport du 11 décembre 1946 sur l'importance, l'organisation, l'activité et l'influence des missions étrangères »,4 p.

17G 178 (57), Ryan Campbell Clifford, « Lettre du 6 mars 1941 adressée au gouverneur général, Haut Commissaire de l'Afrique française », 2 p.

*3. Sous série 18 G Affaires administratives A.-O.F. (1893-1958)*

18G 220 (160), Keller Jean, « Lettre du 29 décembre 1943 au gouverneur de l'Afrique-Occidentale française », 2 p.

18G 220 (160), Blocher A. Saillens, « Lettre de remerciement au gouverneur de l'Afrique-Occidentale française, 22 août 1945 », 2 p.

18G 221 (160), Mabille Georges, « Lettre du 26 septembre 1958 au Haut-Commissaire ».

## Archives Nationales de Côte d'Ivoire

*Série EE : Affaires Politiques.*
*Sous-série 3EE Affaires musulmanes et Cultes.*

3EE 7 (2), Lettre de Mark C. Hayford au lieutenant-Gouverneur de la Côte d'Ivoire.

3EE 7 (2), Lettre du lieutenant-gouverneur Antonetti au gouverneur général de l'A.-O.F. du 4 novembre 1920.

3EE 7 (19), Lettre de Mgr Jules Moury, premier vicaire apostolique de la Côte d'Ivoire (1910-1935) au Gouverneur de la Côte d'Ivoire.

# Bibliographie

## Biographies

AUBOIN Claude, *Au temps des colonies. Binger explorateur de l'Afrique occidentale*, Paris, Bénévent, 2008, 329 p.

ADOPO ACHI Aimé, OUEDRAOGO Adama, *Une vie de Pasteur. La vie et l'oeuvre de l'homme*, Abidjan, CPE, 2015, 176 p.

AGOH AKABLA Florentine, « Le pasteur Samson Nandjui : premier président ivoirien du synode de l'Eglise Protestante Méthodiste en Côte d'Ivoire : 1964-1974 », dans *Repères, revue scientifique de l'Université de Bouaké*, vol. 1, n° 1, 2011, pp. 7-51.

AGOH AKABLA Florentine, « Le ministère de guérison et de délivrance du pasteur Gohi Bi Gohi Samuel au sein de la worldwide evanzelisation crusade (WEC) de 1968 à 1989 », dans *Les cahiers de l'IREA. Débats théologiques et religieux*, n°11, 2017, pp. 195-215.

AHUI Paul William., *Le prophète William Wadé Harris. Son message d'humilité et de progrès*, Abidjan, NEA, 1988, 349 p.

BIANQUIS Jean, *Le prophète Harris ou dix ans d'histoire religieuse à la Côte d'Ivoire (1914-1924)*, Paris, Sté Missions Évangéliques, 1924, 209 p.

CABANEL Patrick, « Louis-Gustave Binger », dans Patrick Cabanel et André Encreve, sous dir., *Dictionnaire biographique des protestants français de 1787 à nos jours*, tome 1 : A-C, Paris, Les Éditions de Paris Max Chaleil, 2015, pp. 306-307.

DJORO Ernest Amos, *Harris et la chrétienté en Côte d'Ivoire*, Abidjan, N.E.A., 1989, 60 p.

HALBERT Viola and Jim, *Ivory in Our Hearts. The Special Work of God in Our Lives*, Lulu.com, s.l., 2006, 432 p.

KOUADIO Marcel, sous dir., *Un sacerdoce d'enseignant. Une biographie illustrée du Révérend Docteur André KOUADIO*, Abidjan, C.D.M., 2010, 136 p.

KOUAKOU Ernest, sous dir., *Rév. Dr Dion Yaye Robert. Un homme, une vision, une histoire*, Abidjan, Editions Omniprésence, 2015, 84 p.

N'GUESSAN KOUASSI Emmanuel, *Ce que j'ai vu, entendu et touché. Historique des Églises des Assemblées de Dieu de Côte d'Ivoire*, Abidjan, PBA, 2009, 199 p.

Kouakou Olivier, sous dir., *Joseph Diéké Koffi. Une vie bien remplie*, Abidjan, Ressources Editions, 2015, 203 p.

SHANK David A., « Le Pentecôtisme du prophète William Wadé Harris », *Archives de sciences sociales des religions*, n°105, janvier-mars 1999, « Le

Pentecôtisme : les paradoxes d'une religion transnationale de l'émotion », pp. 51-70 ; https://www.persee.fr/doc/assr_0335-5985_1999_num_105_1_1078.

WALKER F. Deaville., *Harris le prophète noir. Instrument d'un puissant réveil en Côte d'Ivoire*, Paris, Delattre, 1931, 190 p.

WONDJI Christophe, *Le prophète Harris. Le Christ noir des lagunes*, Dakar/Abidjan, NEA/Afrique Biblio Club, 1977, 96 p.

## Mémoires et thèses

AGOH AKABLA Florentine, *La christianisation du pays ébrié de 1904 à 1960*, Abidjan, Université de Cocody, 2008, 578 p.

BASTIAN Jean-Pierre, *Le protestantisme en Amérique latine. Une approche sociohistorique*, Genève, Labor et Fides, 1994, 324 p.

DEA LEKPEA Alexis, *Évangélisation et pratique holistique de conversion en Afrique. L'Union des Églises Évangéliques Services et œuvres de Côte d'Ivoire 1927-1982*, Abidjan, Université Félix Houphouët-Boigny, 2013, 588 p.

GOORE Lou B. Laurentine, *Les Assemblées de Dieu en Côte d'Ivoire. Origines et impacts*, Abidjan, Edilis, 2020.

KEO KOGNON, *Le défi de l'unité de l'Église à travers l'histoire du protestantisme en Côte d'Ivoire (1924-1960)*, Abidjan, FATEAC, 1997, 112 p.

KOFFI KOUAKOU, *L'éducation chrétienne au sein de l'Église protestante CMA de Côte d'Ivoire de 1930 à nos jours*, Abidjan, FATEAC, 1999, 101 p.

KOUAKOU Kouadio André, *Les méthodes d'évangélisation utilisées par les missionnaires évangéliques en Côte d'Ivoire*, Vaux-sur-Seine, Faculté Libre de Théologie Evangélique, 1975, 137 p.

KOUASSI KOUADIO Célestin, *La Christian and Missionary Alliance en pays baoulé de 1919 à 1960. Dynamique d'une mission chrétienne et évolution du contexte sociopolitique*, Abidjan, Université de Cocody, 2006, 578 p.

LEGBEDJI-AKA Charles-Bertin, *École Protestante et Société dans la Côte d'Ivoire coloniale. Cas de la Région Ecclésiastique de Dabou 1924-1944*, thèse de 3e cycle, Paris, EHESS, 1986.

MAIRE Charles-Daniel, *Dynamique sociale des mutations religieuses. Expansion des protestantismes en Côte d'Ivoire*, Paris, Ecole Pratique des Hautes Etudes, juin 1975, 290 p.

POHOR Rubin, *Ecole et développement. Contribution de l'Église protestante de Côte d'Ivoire*, Abidjan, UCAO, 2007, 315 p.

SCHMID Stephan, *Mark Christian Hayford (1864-1935) un missionnaire pionnier de l'Afrique de l'ouest*, Bonn, Mémoire de maîtrise de théologie, 1999, 139 p.

Soro Donassongui Benjamin, *L'histoire d'une mission chrétienne. L'implantation des Baptistes dans le Nord de la Côte d'Ivoire (1946-1965)*, Mémoire de Master, Bouaké, Université Alassane Ouattara, 2018, 205 p.

Tanoh Kouame Jean-Claude, *La Worldwide Evangelization Crusade (W.E.C.) en Côte d'Ivoire. Stratégies d'évangélisation et impact socioreligieux (1934-1984)*, Abidjan, FATEAC, 2007, 131 p.

Zorn Jean-François, *Le grand siècle d'une mission protestante. La mission de Paris de 1822 à 1914*, Paris, Les bergers et les mages/Karthala, 1993, 791 p.

## Actes de colloques, articles et autres études

Andria Solomon, *L'unité. Rêve ou réalité*, Abidjan, PBA, 1989, 64 p.

Agoh Akabla Florentine, « L'Eglise Méthodiste et l'action sociale en Côte d'Ivoire de 1958 à 1985 », dans *Godo-Godo, revue d'Histoire, d'Art et d'Archéologie Africains*, n°21, 2011, pp. 72-96.

Agoh Akabla Florentine, « Naissance et expansion du méthodisme en pays songon de 1900 à 1959 », dans *Lettres d'Ivoire, revue scientifique de Littérature, Langues et Sciences Humaines*, n°013, premier semestre 2012, pp. 273-289.

Agoh Akabla Florentine, « L'Église Protestante Méthodiste de Côte d'Ivoire et la question des réfugiés libériens de 1989 à 1996 », dans *Histarc : revue gabonaise d'Histoire et Archéologie*, n°02-2017, pp. 56-73.

Cangah Guy, Ekanza Simon-Pierre, *La CI par les textes. De l'aube de la colonisation à nos jours*, Abidjan, NEA, 1978, 237 p.

Decorvet Jeanne, *Les matins de Dieu*, Nogent, MBCI, 2020, 334 p.

« Document 1 : Acte général de Bruxelles, 2 juillet 1890 », dans *Studia Diplomatica*, vol. 45, no. 1/3, 1992, pp. 191-195. *JSTOR*, http://www.jstor.org/stable/44836467, consulté le 13 novembre 2023.

Dyron B. Daughrity, *Church History. Five Approaches to a Global Discipline*, New York, Peter Lang Publishing, 2012, 289 p.

Fath Sébastien, « Deux siècles d'histoire des Églises Évangéliques en France (1802-2002). Contours et essor d'un protestantisme de conversion », dans *Hokhma*, n° 81, 2002, pp. 1-51.

Guenaman Jean Colbert, *L'Église, une citadelle indestructible*, Abidjan, CPE, 2013, 373 p.

Kouassi (Kouadio Célestin), « La pénétration protestante en Côte d'Ivoire », *Diathéké*, n°3, 2015, pp. 89-111.

Leonard G. Emile, *Histoire générale du Protestantisme*, Paris, Quadrige et P.U.F., 1961, Tome1 : La Réformation, 408 p., Tome 2 : L'Établissement, 552 p., Tome 3 : Déclin et Renouveau, 787 p.

MARGUERAT Yves, « Harbel, Yekepa, Kakata, Buchanan et les autres... : Histoire sociale, vie politique et urbanisation au Liberia », *Politique africaine* n° 17, mars 1985, pp. 121-134.

NDJERAREOU Abel, *Comme sous l'arbre à palabre. Un livre de souvenir et d'avenir*, Cotonou, PBA, 158 p.

OUATTARA Kabio Samuel, *Précis de l'histoire de l'Église baptiste libre en Côte d'Ivoire*, Abidjan, CEFCA, 1995, 25 p.

POHOR Rubin, « L'Église Protestante Méthodiste Unie de Côte d'Ivoire. Une approche sociohistorique (1870-1964) », *Études théologiques et religieuses* 2009/1 (Tome 84).

POHOR Rubin, *Églises protestantes face aux mutations sociales en Côte d'Ivoire. Place et responsabilité sociales des Eglises protestantes et évangéliques dans les sociétés africaines en mutation*, Saarbrücken, Editions Universitaires Européennes, 2016, 136 p.

ROAMBA Jean-Baptiste, *Le feu brûle encore. Histoire du mouvement de pentecôte des Assemblées de Dieu au Burkina Faso*, Québec, Editions Inspiration Publishings, 2020, 229 p.

TRIMUA Ekom Daké, sous dir., *Histoire du Christianisme. Quelques éléments*, Yaoundé, Clé, 234 p.

VAN SLAGEREN Jaap, *Histoire de l'Eglise en Afrique (Cameroun)*, Yaoundé, Clé, 1969, 149 p.

VAN SLAGEREN Jaap, *Influences juives en Afrique. Repères historiques et discours idéologiques*, Paris, Karthala, 2009, 348 p.

WONDJI Christophe, « La Côte d'Ivoire occidentale. Période de pénétration pacifique (1890-1908) », *Revue française d'histoire d'outre-mer*, tome 50, no. 180-181, troisième et quatrième trimestres 1963, pp. 346-381 ; doi : 10.3406/outre.1963.1381http://www.persee.fr/doc/outre_03009513_1963_num_50_180_1381.

ZORN Jean-François, « Le protestantisme en Afrique sub-saharienne. Regard historique », dans *Lumière et Vie* n° 211, t. XLII-1, février 1993, p. 41-50.

ZORN Jean-François, « Histoire des missions chrétiennes en Afrique, Asie, Océanie », dans *Histoire du Christianisme*, sous dir. J.-M. Mayeur et al., vol. XI, Paris, Desclée, 1995.

## Documents électroniques

BLE Raoul Germain, « La prolifération des sectes en Côte d'Ivoire : l'expression d'une réalité sociale », *Revue des sciences religieuses* [En ligne], 87/1, 2013, mis en ligne le 1er janvier 2015, consulté le 26 juillet 2019. URL : http://journals.openedition.org/rsr/1313 ; DOI : 0.4000/rsr.1313.

MARY André, « William Wadé Harris Prophète des derniers temps » *Ethnologie française*, vol. XLVI, 2016/3, pp. 437-446. https://www.cairn.

info/revue-ethnologie-francaise-2016-3-page-437.htm, consulté le 21 novembre 2022.

MAXFIELD A. Charles, « The Formation and Early History of the American Board of Commissioners for Foreign Missions » [archive], The 'Reflex Influence' of Missions: The Domestic Operations of the American Board of Commissioners for Foreign Missions, 1810–1850, 1995, disponible sur http://www.maxfieldbooks.com/ABCFM.html, consulté le 30 décembre 2017.

SITTLER Lucien, « BINGER Louis Gustave », dans *Nouveau dictionnaire de biographie alsacienne,* https://www.alsace-histoire.org/netdba/binger-louis-gustave/, consulté le 30 octobre 2023.

SHANK David A., « Le Pentecôtisme du prophète William Wadé Harris », *Archives de sciences sociales des religions,* n°105, janvier-mars 1999. « Le Pentecôtisme : les paradoxes d'une religion transnationale de l'émotion », pp. 51-70 ; https://www.persee.fr/doc/assr_0335-5985_1999_num_105_1_1078.

# Table des matières

Préface......................................................................v
Introduction ................................................................1

## Première partie : L'expansion du premier protestantisme....... 5

1   Les premiers protestants en Côte d'Ivoire ............................7
    Le protestant Louis Gustave Binger............................................ 8
    Les communautés protestantes en Côte d'Ivoire............................ 12
    Mark C. Hayford, pionnier africain des missions protestantes en Côte d'Ivoire . 18
2   Le « passage météorique » de William Wade Harris................... 23
    Origine et formation......................................................... 23
    William Wade Harris sur les côtes ivoiriennes............................... 27
    Les conséquences du passage de Harris ..................................... 33
3   La convention de Saint-Germain et ses conséquences................. 39
    La convention de Saint-Germain-en-Laye .................................... 39
    Le décret du 14 février 1922................................................. 47
    L'arrêté général du 16 août 1923 ............................................ 51

## Deuxième partie : L'unité des sociétés missionnaires protestantes en Côte d'Ivoire................................. 53

4   L'installation des premières sociétés missionnaires protestantes...... 55
    Au Sud-Est, la Wesleyan Methodist Mission Society ......................... 55
    Au Sud-Ouest, la Mission Biblique en Côte d'Ivoire ......................... 60
    Au Centre, la Christian and Missionary Alliance (CMA) et au Centre-Ouest, la
        Worldwide Evangelization Crusade (WEC) ................................ 65
5   L'évolution vers l'unité d'action des protestantismes.................. 71
    La conférence intermissionnaire protestante de Bouaké (1937)............... 72
    Les mouvements de conversion de 1938 et 1941............................ 73
    La tournée de Jean Keller (1900-1993) ....................................... 76
    La conférence de Dabou (1943)............................................... 76
    La conférence d'Abidjan (1945)............................................... 78
    La conférence de la Fédération protestante en A.-O.F. à Bouaké (1946) ........ 79

6     Les années de rupture ................................................. 81
       L'installation de la Conservative Baptist Foreign Mission Society (CBFMS)
       au Nord .................................................................... 83
       L'installation de la Free Will Baptist Church au Nord-Est ...................... 85
       Quelques réalisations sociales protestantes en Côte d'Ivoire.................. 87
           La Croix Bleue en Côte d'Ivoire............................................. 90
           L'Alliance Biblique de Côte d'Ivoire (ABCI)................................. 91
       Évolution et ruptures de 1958 à 1964......................................... 92
           L'autonomie de l'Église protestante CMA .................................. 92
           L'installation de la Mission des Assemblées de Dieu au Sud-Est............. 94
           La constitution de la Fédération évangélique de Côte d'Ivoire .............. 96
           L'introduction du mouvement des Flambeaux et Lumières en Côte d'Ivoire
           (Jeunesse Évangélique Africaine)........................................... 99
           La création de l'Union des Églises Évangéliques du Sud-Ouest (UEESO) ... 100
       Évolution de l'Église protestante méthodiste et retrait de la Fédération
       évangélique de Côte d'Ivoire ............................................102

## Troisième partie : La marche des protestantismes vers la maturité......................................................**105**

7     La quête de la solidarité ............................................. 107
       La réponse à l'appel du Seigneur............................................108
       Quelques institutions et œuvres para-ecclésiastiques au service du
       protestantisme en Côte d'Ivoire ...........................................111
       L'urgence de l'évangélisation ..............................................112
       L'état du protestantisme avant 1973 .......................................119
           Le Groupe Biblique Universitaire d'Abidjan ..............................119
           La direction nationale de l'enseignement protestant......................121

8     La terre entière entendra sa voix ................................... 123
       La campagne de Jacques Giraud (1973)......................................123
       Les activités de Campus pour Christ et de Jeunesse en Mission en Côte
       d'Ivoire..................................................................126
           Campus pour Christ (1975) ...............................................126
           La Jeunesse en Mission (JEM) de 1975 à 1993 ..........................128
       L'AEAM à Bouaké ........................................................129
           Le début du ministère des Églises mennonites auprès des Harristes
           en Côte d'Ivoire (1979)..................................................132

| 9 | Les défis nouveaux | 137 |

L'heure de la solidarité agissante a sonné ................................. 137
    L'Église locale en mission ............................................. 138
    Le procès-verbal de la réunion de synthèse sur la crise de l'UESSO
    et la naissance de l'Église évangélique du réveil ...................... 140
    La célébration du cinquantenaire de l'Église Protestante CMA de
    Côte d'Ivoire ...................................................... 143
Les progrès dans la douleur ................................................ 144
    La naissance de l'Église Protestante Baptiste Œuvres et Mission
    Internationale (1984) ................................................ 144
    La longue marche vers la création de l'AEECI (1984)..................... 145
    L'autonomie de l'Église protestante méthodiste de Côte d'Ivoire.......... 150
L'épanouissement d'un christianisme authentique .......................... 155
    René Pache (1904-1979)................................................ 155
    René Daïdanso (1944-2014) ............................................ 155
    Gérard Peilhon (1938- 2021) à Abidjan en 1982 ......................... 156
    Howard O. Jones ...................................................... 156
    Gilbert Okoronkwo et la PEMA (1991) : Atteindre l'Afrique par
    les médias .......................................................... 156
    Pasteur Ayé Toualy et l'Église Baptiste du Plein Évangile (1992) ........ 157
    Le professeur Tite Tiénou et la création de la FATEAC en 1993............ 158

Conclusion ................................................................. 161

Sources écrites ............................................................ 163
    Archives du DEFAP..................................................... 163
    Autres archives missionnaires (sources imprimées)..................... 165
    Archives Nationales du Sénégal (A.N.S., Dakar)......................... 165
    Archives Nationales de Côte d'Ivoire .................................. 167

Bibliographie .............................................................. 169
    Ouvrages.............................................................. 169
    Biographies .......................................................... 169
    Mémoires et thèses.................................................... 170
    Actes de colloques, articles et autres études......................... 171
    Documents électroniques .............................................. 172

www.ingramcontent.com/pod-product-compliance
Lightning Source LLC
Chambersburg PA
CBHW070922180426

43192CB00037B/1675